KB081064

Achilles with a Conscience /
Macbeth and the Gospelling of Scotland

Achilles with a Conscience /
Macbeth and the Gospelling of Scotland
by Paul A. Cantor

폴 A. 캔터

맥베스 /
양심을 지닌 아킬레스

권오숙 옮김

일러두기

- 이 책은 독일 지멘스 학술재단(Carl Friedrich von Siemens Stiftung)이 출간한 '주제들(THEMEN)' 시리즈 중 폴 A. 캔터(Paul A. Cantor)의 영문판 텍스트 『양심을 지닌 아킬레스 / 맥베스와 스코틀랜드의 복음화(*Achilles with a Conscience / Macbeth and the Gospelling of Scotland*)』를 번역한 것이다. 한국어 번역판에서는 독자에게 좀 더 함축적으로 다가가기 위해 『맥베스 / 양심을 지닌 아킬레스』로 제목을 줄였다.

- 각 장의 제목은 원래 원문에는 없으나 독자의 이해를 돕기 위해 붙인 것이다.

- 원문의 주석은 각주로, 설명의 성격을 갖는 옮긴이 주석은 각 장의 미주로 두었다. 원주를 보충한 경우 옮긴이 표시를 해두었다.

- 이 책에 나오는 작품 인용은 옮긴이가 번역한 『맥베스』(권오숙 옮김, 열린책들, 2010)에 따랐으며, 필요한 경우 약간의 수정을 거쳤다.

- 외국의 인명, 지명, 작품명은 국립국어원의 외래어표기법을 따랐으나, 몇 몇 인명의 경우 관례에 따라 표기한 경우도 있다.

Ex Captivitate Salus
감옥 같은 세상을 살아내는 지혜

창세기의 바벨에서 플라톤의 동굴로, 플라톤의 동굴에서 기독교의 지옥으로, 기독교의 지옥에서 베이컨의 우상으로, 베이컨의 우상에서 마침내 주커버그의 페이스북에 이르기까지, 우리가 물려받은 세상은 잔혹한 무지에서 비롯된 집요한 어둠으로 점철되어 있다. 그러나 히브리 성서를 그리스어로 옮긴 이름 없는 70인의 현자들이 개시한 번역의 역사는 저 가공할 어둠의 권세에 줄기차게 저항해 왔으며, 지금도 이 역사는 면면히 이어지고 있다. 멀고도 느닷없는 시간들 사이에서, 드세고 부질없는 언어들 사이에서, 번역과 번역가들은 모두를 위해 절실한 지혜의 가교를 놓는 일에 몰두하고 헌신한다. 그리하여 번역은 지혜의 모판이 되고, 지혜는 다시 번역(가)의 양식이 된다. '주제들(THEMEN)' 시리즈는 다양하고 웅숭깊은 지혜의 번역을 통해 화려한 첨단의 동굴, 한층 높아진 21세기의 바벨에 갇혀 두목답답한 모든 독자들의 충직한 청지기가 되고자 한다.

차례

스코틀랜드의 복음화

스코틀랜드의 복음화

외부를 향해 분출되는 모든 본능은 내부를 향해 방향을 바꾼다.—
이것이 내가 인간의 내면화라고 부르는 것이다.
그와 더불어, 사람들이 나중에 그의 "영혼"이라고 부르는 것이
비로소 그 사람에게 자라난다.
인간의 외부를 향한 분출이 제지되었을 때
내적 세계 전체는 깊이와 넓이, (그리고) 높이를 얻었다.

프리드리히 니체, 『도덕의 계보학』

『맥베스(Macbeth)』에서 별로 주목받지는 못했지만 흥미로
운 사실을 보여주는 장면은 새로 왕이 된 맥베스가 절망적인
처지의 남자들을 부추겨 뱅쿠오(Banquo)를 암살하게 하려고
설득하는 장면이다.[1] 맥베스는 그자들에게 과거에 뱅쿠오가
그들의 앞길을 가로막았다고 상기시키면서 이런 피해를 그냥
참고 있을 것인지 의문을 제기한다. 좀 더 구체적으로 그의 질
문은 '다른 쪽 뺨마저 내줄 것이냐'와 같은 경구 형태를 띤다.

자네들은

이 일을 그냥 내버려둘 정도로

참을성이 있는 자들인가? 자네들은 그 육중한 손으로

자네들의 목줄을 누르고 자네 가족들을

영원히 비럭질하게 만든 그자와 그자의 자손들을 위해

기도할 정도로 그렇게 복음화되었는가?(3막 1장 85-90행)

Do you find

Your patience so predominant in your nature

That you can let this go? Are you so gospell'd

To pray for this good man and for his issue,

Whose heavy hand hath bow'd you to the grave

And beggar'd yours for ever?*

여기서 "자네들은 그렇게 복음화되었는가?"가 중요한 구
절이다. 용어 색인 사전에 의하면 "gospell'd"란 단어는 셰익스
피어 작품을 통틀어 여기서 딱 한 번 등장한다. 그리고 『옥스
포드 영어 사전』에 의하면 "gospel"을 동사로 사용하는 것은

---

*   영어 원전은 블레이크모어 에반스(G. Blakemore Evans)가 편집한 *The Riverside Shakespeare* 판본(Boston: Houghton Mifflin, 1974)이다.

영어에서는 아주 드문 현상이다.[*] 맥베스가 이 단어를 동사 형태로 사용한 이유는 현재 진행 중인 상황에 대해 말하거나 아니면 이제 막 완결된 상황을 말하고자 했기 때문일 것이다. 맥베스는 자기가 뱅쿠오 암살을 위해 선택한 사내들이 기독교화되어 뱅쿠오를 죽일 수 없을까 봐 염려한다. 맥베스는 스코틀랜드 사람들에게 벌어지고 있는 어떤 현상에 대해 염려하고 있다. 즉 스코틀랜드 사람들이 복음화되어서 온순하고 나약해지고 있다고 생각했던 것이다.

이 대목에서 위대한 전사 맥베스는 기독교식 인내와 타인의 공격에도 대응하지 않고 견디는 온유를 경멸한다. 암살자들은 맥베스가 나무라는 것이 무엇인지 잘 알고 있고, 그들에게 사내다움을 요구하고 있다는 사실을 알기에 "저희들도 인간^{2}입니다, 폐하"(3.1.90)라고 대답한다. 맥베스는 암살자들이 말하는 "인간"이라는 것의 개념을 분석하기 시작한다.

---

* 『옥스포드 영어 사전』에서는 동사 gospel을 아주 드물게 쓰이는 고어(古語) 형태로 기록하고 있으며 실제 『맥베스』 이전에 그렇게 쓰인 용례를 세 개만 제시하며 특히 "gospelled"라는 형태로 쓰인 예는 하나만 제시하고 있다. gospel이 동사로 쓰인 용례는 총 7개뿐이다. 셰익스피어가 "gospelled"라고 쓴 표현이 너무 독특해서 번역을 잘했던 쉴레겔(Friedrich von Schlegel)과 티크(Ludwig Tieck)조차도 독일어로 『맥베스』를 번역할 때 어려움을 겪었던 것 같다. 그들은 원전대로 번역하지 않고 "Seid ihr so fromm?(Are you so pious?; 그대들은 그렇게 신앙심이 깊은가?)"라고 번역했다.

그래 분류상으로 자네들은 인간이지.

하운드, 그레이하운드, 잡종개, 스파니엘,

똥개, 털개, 물개, 늑대개가

모두 개라는 이름으로 불리듯이 말일세.

가치를 분류한 감정서는 빠른 개, 느린 개, 섬세한 개,

집 지키는 개, 사냥개 등 모두를

은혜로운 자연이 그에게 정해준 재능에 따라

구분하지. 그것에 의해

개들은 그것들을 모두 똑같이 적는 서류에

별도 항목을 부여받는 거지. 사람도 마찬가질세.

(3막 1행 91-100)

Ay, in the catalogue ye go for men;

As hounds and greyhounds, mongrels, spaniels, curs,

Shoughs, water-rugs and demi-wolves, are clipt

All by the name of dogs; the valued file

Distinguishes the swift, the slow, the subtle,

The house-keeper, the hunter, every one,

According to the gift which bounteous nature

Hath in him clos'd; whereby he does receive

Particular addition, from the bill

That writes them all alike; and so of men,

개들이 다 똑같은 개가 아니라는 인식에서 이 대사는 남자다움에 대한 귀족적이고 영웅적 사고를 표현하고 있다.* 맥베스는 암살자들에게 이렇게 물어보고 있다. 그대들은 그저 지극히 평범한 인간이냐 아니면 남에게 좌우되지 않는 진짜 사내다운 인간이냐? 맥베스가 하고 있는 이런 구분은 호메로스가 쓴 그리스어 *aner*(남성)과 *anthropos*(인간)**에 가장 잘 나타나 있다. 호메로스가 그린 영웅은 힘과 용기라는 미덕을 지녀 보통의 인간인 *anthropos*보다 뛰어난 사내다운 남자 *aner*이다. 호메로스의 작품에서는 영웅과 보통 인간의 차이를 맥베스가 위대한 개와 천한 개를 대조시킨 것과 같이, 아니 그보다 먼저 나온 "참새"와 "독수리", "토끼"와 "사자"(1막 2장 35행)[3]의 대조처럼 종종 두 종류의 동물에 비유하곤 했다. 맥베스는 인간

---

* 『맥베스』에 등장하는 남자다움에 대한 인식을 통찰력 있게 논의한 논문으로는 Jose A. Benardete, "Macbeth's Last Words", *Interpretation*, 1(1970), 63-75쪽을 참조하기 바란다. 그리고 Mattew N. Proser, *The Heroic Image in Five Shakespearean Tragedies*(Princeton: Princeton University Press, 1965), 51-91쪽도 좋은 자료이다.

** 이 구분에 대해서는 Seth Benardete, "Achilles and the Illiad", *Hermes*, 91(1963), 1-5쪽 참조.

사이에는 타고난 위계질서가 있어 어떤 이들은 위대하고 어떤 이들은 천한데 태생적으로 그렇다고 생각한다. 그리고 위대한 사람은 남에게 당하고 가만히 참지 않으리라고 생각한다. 옛 전사들이 지닌 고귀함에 대한 이런 개념을 이용하여 맥베스는 암살자들을 부끄럽게 만들어 자기 뜻을 이루고자 한다. 그런데 이런 고결한 영웅주의가 스코틀랜드에서 더 이상이의 없이 받아들여지지 않는다는 사실 또한 알고 있다. 스코틀랜드에는 새로 전파된 복음이 전사의 생활 방식과는 정반대인 평화와 겸손이라는 기독교식 생활 방식을 가르치고 있었던 것이다.

셰익스피어는 영웅적 전사의 가치관과 하나님의 절대적 진리 사이의 갈등으로 비극『맥베스』를 전개해 나간다. 이 극은 위대한 전사들의 사회가 기독교화됨으로써 일어나는 이상한 현상들, 즉 복음화된 스코틀랜드를 묘사한다. 필자는 바로 이런 이유 때문에 셰익스피어가 맥베스 이야기를 소재로 취했다고 생각한다. 맥베스 이야기는 기독교가 들어와서 실제 사회구조가 변화했으나 여전히 사람들은 그들이 복음화되기 이전 시절을─'향수에 젖어'라는 표현은 너무 약해 보인다─기억하는 그런 세계를 그릴 수 있게 해주었다.『맥베스』에서 명료하지 않은 많은 것들이 셰익스피어가 특정 역사적 순간에 집중하고 있다는 사실을 깨닫게 되면 명확해진다. 즉 이교도 세계가 기독교에 굴복하는 고통을 겪는 와중에 사람들이 심히 혼란스러운 영향력들을 받아들여야 했던 역사적 순간 말이다. 그가 쓴 극들로 판단해 볼 때 셰익스피어는 이런 역사적 순간, 즉 엄청난 역사적 변화의 와중에 있는 나라에 관심이 많았다. 예를 들어 『줄리어스 시저(*Julius Caesar*)』[4]와 『안토니와 클레오파트라(*Antony and Cleopatra*)』[5]에서 셰익스피어는 로마가 공화정에서 제국으로 변화할 때 로마와 로마 시민들에게 어떤 일들이 벌어졌나에 집중했다.* 그런 역사적 순간들에서 셰익스피어는 비극을 그려낼 적당한 배경을 얻었다. 헤겔식으로 말하자면 두 가지의 갈등으로서의 비극 말이다.[6] 셰익스피어는 옛것과 새것, 두 가지 삶의 방식 사이에 끼인 인물들의 상황에 매료되었던 것 같다. 그래서 셰익스피어의 비극관은 그의 역사관에 깊이 뿌리를 두고 있다. 셰익스피어에게 있어 비극적이라는 것은 특정 역사적 상황, 특히 역사의 전환기에 끼인 것이다. 이런 경우 인간 존재의 전혀 새로운 대안이 나타나서 사람들은 정반대되는 삶의 방식에서 비극적 선택을 해야 한다.

---

* 이 주제에 대해서는 필자가 쓴 *Shakespeare's Rome: Republic and Empire*(Ithaca: Cornell University Press, 1976) 참조.

셰익스피어에서 비극과 역사를 결합시킨 본 연구가 최근 셰익스피어 비평의 지배적인 흐름인 소위 신역사주의[7]를 따르는 것으로 보일 수도 있을 것이다. 그래서 이 비평의 경향과는 시작부터 다르다는 것을 명확히 해야 할 것 같다. 나는 셰익스피어의 역사관을 밝히는 데 관심이 있는 것이지 나 자신이나 혹은 다른 사람의 역사관에 관심이 있는 것이 아니다. 내가 보는 바로는 셰익스피어는 자신만의 역사관을 가지고 역사적 상황에 빠진 비극적 인물들을 그려냈다. 신역사주의에 따르면 셰익스피어 자신이 역사적 상황에 빠져 있는 것으로 여겨진다. 신역사주의자들은 셰익스피어의 극들이 당대의 정치 문제와 정치적 논쟁들을 반영하는 것으로 본다. 신역사주의 시각은 벤 존슨(Ben Jonson)[8]이 말한 "한 시대가 아닌, 만세를 위한"이란 표현이 가장 잘 표현해 주는 "셰익스피어가 지닌 보편성"이라는 전통적 관념을 부정한다. 신역사주의자들은 이런 입지를 뒤집어 "셰익스피어는 만세를 위한 작가가 아니라 자기 시대의 작가이다"라고 주장하고 싶어 한다. 그들은 셰익스피어를 자기 시대의 특정 역사적 순간의 편견에 사로잡힌 작가로 보면서 셰익스피어의 편협한 역사관을 강조한

---

*   셰익스피어 제1 이절판에 실린 존슨의 서문 시(詩) 참조.

다. 그들은 셰익스피어가 보편적인 시각 따위에는 근접하지
도 않았다고 주장한다. 신역사주의자들의 논쟁에서『맥베스』
는 대체로 영국 제임스 1세로 왕위에 오른 스코틀랜드 제임
스 6세의 왕위 계승과 관련된 작품으로 간주된다. 제임스 1세
의 등극 때문에 셰익스피어가『맥베스』에서 스코틀랜드의 이
야기를 소재로 취한 것이고, 특히 뱅쿠오가 제임스의 조상으
로 여겨지기 때문에 이 이야기를 선택한 것으로 본다. 신역사
주의자들은 종종 이 극이 왕가를 위해 집필한 것[9]이고 극의 내
용은 궁정 정치학[10]과 어느 정도 연루되어 있다고 주장한다.*

---

* 『맥베스』에 대한 대표적인 신역사주의 해석으로는 푸코보다는 오히려 데리다
쪽에 가까운 조나선 골드버그(Jonathan Goldberg)의 "Speculations: Macbeth and Source",
in Jean E. Howard and Marion F. O'Connor, eds., *Shakespeare Reproduced: The Text in History
and Ideology*(London: Methuen, 1987), 242-264쪽을 참고할 것. 영국 르네상스 시대
의 문학을 조망하기 위해서는『자에는 자로(*Measure for Measure*)』를 중심으로 제임스
왕을 이용한 통찰력 있는 비평을 한 Richard Levin, *New Readings vs. Old Plays*(Chicago:
University of Chicago Press, 1979), 167-193쪽을 참조할 것. 레빈은 "구(舊)" 역사주
의식 비평을 하고 있지만 그의 비평은 신역사주의에도 적용된다. 제프리 블로우
(Geoffrey Bullough)는 *Narrative and Dramatic Sources of Shakespeare*(London: Routledge and
Kegan Paul, 1973)란 저서의 맥베스 편 머리말에서『맥베스』에 담긴 자코비언(제임
스 1세 시대—옮긴이) 궁정 배경을 잘 요약 정리하고 있다. 특히 제7권 438-447쪽
참조할 것(블로우 관련은 모두 제7권). 니콜라스 브룩(Nicholas Brooke)은 최근 편집
한 *Macbeth*(Oxford: Oxford University Press, 1990)에서 이 극이 자코비언 궁정 정치학과
관련이 있다는 점은 인정하지만『맥베스』를 소재로 선택한 것이 제임스 1세에 아부
하기 위한 것이었다는 사실에는 이의를 제기한다(71-76 참조). 사실『맥베스』에서
그리고 있는 스코틀랜드와 스코틀랜드 조상들의 모습이 어떻게 제임스 1세의 비위
를 맞추었다고 생각할 수 있는지 필자는 늘 의문을 갖지 않을 수 없었다. 이 극은 영
국인들이 스코틀랜드 사람들을 야만적이라고 생각했던 최악의 편견 중 일부를 더
확신시켜 주는 듯하고 명백히 영국의 문명이 스코틀랜드의 야만성보다는 우월하
다는 것을 전제로 하고 있다.『맥베스』가 제임스 1세를 즐겁게 하기 위해 쓴 것이라

『맥베스』에 어느 정도 당대 상황에 관련된 요소가 있을 수도 있다는 점에 대해서는 특별히 이의가 없다. 셰익스피어가 스코틀랜드 관련 소재를 취한 것은 당시 영국이 스코틀랜드의 왕을 영국의 왕으로 추대했기 때문일 것이다.[11] 그러나 정말 의문을 제기해야 하는 점은 『맥베스』가 당시 역사적 사실에만 관련되어 있는 것이냐이다. 자코비언[12] 정치의 왜곡된 면을 찾아내기 위해 그 극을 살펴보아야 하는가? 아니면 『맥베스』는 자기 시대의 한계를 뛰어넘어 전혀 다른 정치 현실을 그리고자 했던 셰익스피어의 많은 시도 가운데 하나인가? 이 두 번째 관점에서 볼 때 이 극은 궁극적으로 여전히, 셰익스피어 당대의 특정 문제들과 연관이 있을 수는 있지만 그건 단지 간접적으로만 그렇다. 표면적으로 보더라도 『맥베스』는 셰익스피어가 살았던 시대와는 전혀 다른 세계를 그리고 있는 것 같다. 원시인과 문명인 사이의 투쟁이 벌어지고 있는 훨씬 이전의 세계 말이다. 이런 점에서 나는 신역사주의자들과 입장이 다르다. 셰익스피어는 자기 시대와 충분히 거리를 두고 있어서 진정한 역사적 대안들을 생각할 수 있었다. 사실 필자의

는 견해의 비평을 더 보려면 마이클 호킨스(Michael Hawkins)의 "History, Politics and *Macbeth*", in John Russell Brown, ed., *Focus on Macbeth*(London: Routledge and Kegan Paul, 1982)중 특히 185-188 쪽을 참고할 것.

생각에 그것이 셰익스피어 극들의 주요한 목적 중 하나이다.[*]
그리고 그것 때문에 셰익스피어 극들이 역사적이면서 동시에
초역사적일 수 있는 것이다.[**]

---

[*]   브룩(Brooke)의 견해와 비교해 볼 것. 그는 『맥베스』에서 그리고 있는 사회체제
는 "11세기 스코틀랜드를 제대로 그리고 있다. 일반적인 믿음과는 달리, 자기 시대
의 가설들을 비춰 보고 때때로 의문을 제기하기 위한 것일 뿐 아니라 다른 사회, 다
른 통치 체제를 보여주는 것이 영국 사극이든 로마 사극이든 셰익스피어 역사극의
특징이다"(75쪽)라고 본다.

[**]   필자는 『맥베스』에서 셰익스피어가 레오폴드 폰 랑케(Leopold von Ranke)처럼
역사적 정확성을 목표로 했다고 주장하는 것은 아니다. 필자의 주장은 이전의 특정
역사적 시기의 일반적인 특징을 규명하려고 했다는 것이다. 맥베스는 기독교를 접
하게 된 이교도 전사의 이상적인 타입인 것이다. 그래서 필자의 주장은 셰익스피어
가 중세 스코틀랜드의 특정한 세부 기술에서 정확하지 않은 것으로 보인다 하더라
도 별 영향을 받지는 않는다. 셰익스피어는 원전을 가지고 정확한 역사적 재구성을
하려 하지 않았다. 앞으로 살펴보겠지만, 사실 그는 오히려 상당히 많은 부분에서
원전 역사책을 바꾸었다. 그런데 그럴 경우 필자는 셰익스피어가 자신이 관심을 갖고
있는 역사적 순간, 즉 이교도 신앙과 기독교의 조우의 순간의 독특함을 부각시키거나 강
조하기 위해 그랬다고 본다.

1   스코틀랜드의 역사에서 소재를 빌려온 이 극에서 셰익스피어는 맥베스
     가 던컨 왕을 시해하고 왕권을 찬탈하는 이유를 마녀라는 초자연적 인
     물들이 그에게 왕이 될 것이라고 예언한 데서 비롯된 것으로 설정하고
     있다. 유령, 요정, 마법 등 상상의 세계를 자주 그린 셰익스피어 특유의
     설정이라고 볼 수 있다. 맥베스가 역모를 진압하고 개선하는 길목에서
     황야의 마녀들은 그런 예언을 한다. 그때 맥베스 곁에는 동료 장수인 뱅
     쿠오가 함께 있었다. 마녀들이 맥베스에게 달콤한 예언을 하는 것을 듣
     고 있던 뱅쿠오는 그들에게 자신에게도 예언을 해보라고 윽박지른다.
     이때 마녀들이 뱅쿠오에게 하는 예언은 다음과 같다.

          마녀1: 맥베스보다는 못하나 더 위대하도다.
          마녀2: 맥베스만큼 행복하지는 않으나 더 행복하도다.
          마녀3: 왕이 되지는 못하나 후손이 왕이 되리.(1막 3장 65-67행)

          First Witch: Lesser than Macbeth, and greater.
          Second Witch: Not so happy, yet much happier.
          Third Witch: Thou shalt get kings, though thou be none:

     결국 본인은 왕이 되지 못하지만 그의 후손이 왕이 될 것이라는 이 예언
     때문에 맥베스는 왕위에 오른 뒤 뱅쿠오를 최대 정적(政敵)으로 여기며
     그의 존재에 불안감을 느낀다. 그래서 그는 암살자들을 통해 뱅쿠오와
     그의 장남 플리언스(Fleance)를 제거하고자 한다. 이 장면은 바로 암살자
     들로 하여금 뱅쿠오를 살해하도록 자극하고 있는 대목이다. 하지만 그
     들은 뱅쿠오는 암살하는 데 성공하지만 플리언스는 놓쳐서 맥베스를 불
     안감에서 구원해 주지 못한다.

2   여기서 우리는 영어 단어 "man"과 우리말 "인간"이 지니고 있는 미묘한
     뉘앙스를 잘 이해할 필요가 있다. 영어 단어 man은 요즘은 그런 사용을

지양하지만 과거에는 "남자"를 뜻하면서 동시에 "인간"을 통칭하는 남성 중심적 가치관이 담긴 대표적인 단어이다. 그래서 이 단어를 번역할 때 문맥에 따라 때로는 "남자"로, 때로는 "인간"으로 적절히 번역하여야 한다. 그런데 이 대목과 같은 상황에서는 그 선택이 다소 까다롭다. 분명 맥베스가 "사내다움, 남성다움"을 강조하기 위해 들먹인 단어이지만 역자가 여기서 "인간"이라고 번역한 것은 우리말 "인간" 또한 단순히 종으로서의 인간을 가리키는 의미뿐만 아니라, "자존심과 성질을 지닌 존재"라는 뉘앙스도 담고 있기 때문이다.

3 1막 2장에서 반란군 진압 현장에서 온 장수가 맥베스와 뱅쿠오의 용감한 전투 장면을 묘사할 때 적국 노르웨이의 왕과 맥베스, 뱅쿠오를 비교하면서 "마치 참새가 독수리를 만나거나 토끼가 사자를 만난 듯한 형국이었습니다"라고 말한다.

4 1599년에 집필된 이 극은 플루타르코스의 『영웅전』을 원전으로 하여 쓴 로마 사극으로 시저가 정적인 폼페이우스를 제거하여 정치가로서 권력의 정상에 올랐을 때 브루투스 등에게 암살당하는 내용을 다룬 것이다. 이 극의 타이틀은 '줄리어스 시저'이지만 시저보다는 시저 암살에 가담한 로마의 이상주의 정치가 브루투스에 초점이 맞춰져 있다. 시저는 1인 독재를 막고 공화정을 지키려는 암살 세력에 의해 극의 전반부에서 암살되고, 극의 주요 내용은 시저가 암살되는 사건을 전후로 브루투스가 겪는 심리적 갈등과 파멸을 다룬다. 그래서 사극보다는 비극으로 분류된다. 시저 암살 세력은 시저 암살 이후에 시저 지지 세력인 안토니우스, 옥타비아누스, 래피더스와 대립하지만 세력이 기울어지자 대부분 자살을 한다. 안토니우스, 옥타비아누스, 래피더스는 제2 삼두정치의 집정관이 된다. 시저 암살로 잠시 1인 독재의 제정이 미뤄지긴 했지만 제2 삼두정치가 무너지면서 결국 로마는 제정(帝政)으로 바뀐다. 이 제2 삼두정치가 무너지는 과정은 『안토니와 클레오파트라』에서 다루어진다.

5   1607년에 초연된 이 극은 플루타르코스의 『영웅전』에 상당히 의존하여 로마의 대장군이자 제2 삼두정치의 한 명인 안토니우스와 이집트의 여왕 클레오파트라의 사랑을 다룬 극이다. 셰익스피어는 안토니의 성격과 클레오파트라의 성격뿐만 아니라 대사에도 플루타르코스의 글을 많이 차용했다. 그러다 보니 플롯상의 독창성은 상대적으로 떨어지지만 플루타르코스의 산문을 시적인 운문으로 절묘하게 옮겨 놓았으며, 클레오파트라와 안토니를 대단히 생동감 넘치는 인물로 살려 놓았다. 또한 사랑의 광상시(狂想詩)라고 할 정도로 사랑의 격정에 휩싸인 두 주인공의 맹목적인 행로를 잘 그려냈다. 두 사람은 그 사랑으로 인해 로마와의 액티움 해전에서 패배한 뒤 자신들의 모든 권력과 명예, 부를 잃고 자살한다. 세상의 그 어떤 가치도 능가하는 사랑의 절대성이 이 극의 주제이다. 그 결과 옥타비아누스가 세력을 장악하여 로마는 공화정이 무너지고 제정이 된다. 그가 바로 로마 황제 아우구스투스이다.

6   아리스토텔레스는 『시학』에서 비극이 "연민"과 "공포"라는 감정을 불러일으키는 효과를 강조하면서 도덕, 정치 같은 예술 밖의 기준보다는 그런 효과를 유발시키는 예술적 가치를 강조했다. 그런데 헤겔은 『미학 강의(Lectures on Aesthetics)』에서 비극의 핵심을 여러 인륜적 가치들 간의 충돌로 보았다. 헤겔에게 있어 비극은 두 가지 중요한 입장이 만들어 내는 갈등인데 그중 하나의 입장에서 행동하다 보면 다른 입장에서는 죄를 범하게 된다. 결국 헤겔은 이 갈등은 주인공의 몰락으로만 해결될 수 있다고 본다. 헤겔의 비극론은 역사 속 비극들을 통찰하는 가운데 비롯된 것으로 이런 비극은 주로 패러다임의 변화 중에 발생한다고 주장한다. 이런 관점에서 헤겔은 아리스토텔레스가 높이 평가했던 소포클레스의 『오이디푸스 왕』보다는 『안티고네』를 더 훌륭한 작품이라고 평가했다. 『안티고네』에서 안티고네가 크레온 왕의 명령을 무시하고 오라버니 폴뤼네이케스의 시체를 묻는 행위에서 국가의 법령과 인륜이라는 두 역할 사이의 충돌이 벌어지는데 그런 상황에서의 비극적 선택이 가장 잘 표현

되어 있다고 보았기 때문이다. 안티고네의 약혼자인 아들 하이몬의 간곡한 호소에도 불구하고 크레온은 안티고네에게 사형선고를 내린다. 이때 크레온은 국왕으로서의 입장과 아버지로서의 입장 사이에서 갈등을 겪는다. 안티고네나 크레온은 둘 다 한쪽 입장만 집요하게 추구하다 비극을 맞이한다. 하지만 두 사람을 똑같이 두 가지 정당한 입장에서 하나를 선택함으로써 비극을 맞이한 것으로 보는 헤겔의 시각에는 문제가 있다. 왜냐하면 그가 말하는 것처럼 상충되는 충동들이 늘 똑같은 가치를 지니는 것은 아니기 때문이다. 예를 들어 크레온의 완고한 사형선고는 국왕으로서의 입장에 부응한 것이라기보다는 일종의 독선적 횡포이기 때문이다.

7   '신역사주의'란 문화비평가인 그린블랫(Stephen Greenblat)이 1982년 『장르(Genre)』지에서 처음 사용한 문화비평 용어이다. 프랑스 철학자 미셸 푸코(Michel Foucault)의 저작들에서 영향을 받은 신역사주의자들은 모든 지식인들이 자신들이 살고 있는 시대의 지배담론에서 자유롭지 못하다고 생각한다. 신역사주의자들은 문학이든, 역사든 사회적, 역사적 담론에서 자유로운 텍스트로 보지 않는다. 그들은 전통적인 문학비평 방식과는 달리 역사적인 텍스트나 비문학적인 텍스트를 문학비평에 대거 이용했다. 특히 르네상스 문학에 관심을 집중했던 신역사주의자들은 셰익스피어가 당대 지배계급의 이익에 봉사하면서 체제를 옹호하는 담론들을 생산 또는 강화, 확산했다고 평가했다. 신역사주의자들은 "셰익스피어가 지닌 보편성"을 부정하고 셰익스피어를 자기 시대의 특정 역사적 순간의 편견에 사로잡힌 작가로 보면서 셰익스피어가 정전으로서 누리고 있는 문학적 지위의 부당함을 주장했다.

8   벤 존슨(Ben Jonson; 1572-1637)은 셰익스피어 당대의 동료 극작가로 40년 가까운 창작 생활을 통해 희극, 희비극, 비극, 가면극 등 다양한 장르의 작품을 남겼다. 특히 그는 기질희극(氣質喜劇, comedy of humors)의

창시자로 제임스 1세의 연금을 받아 최초의 계관시인이 되었다. 대표작으로는 『십인십색(*Everyman in his humor*)』, 『연금술사(*The Alchemist*)』, 『볼포네(*Volpone*)』 등이 있다. 그는 1623년에 발간된 셰익스피어의 첫 전집인 제1이절판의 헌정사를 썼다.

9 『맥베스』는 특히 신역사주의 비평가들에게 많이 비난받은 작품 가운데 하나이다. 엘리자베스 시대 때 셰익스피어가 소속된 극단은 궁내부 대신의 후원을 받아 궁내부대신 극단(The Chamberlain's Men)이었지만 제임스 1세가 등극한 뒤에는 왕의 후원을 받아 왕의 극단(King's Men)이 된다. 『맥베스』는 제임스 1세의 처남인 덴마크 국왕 크리스천 4세가 영국을 방문했을 때 궁정에서 초연된 것으로 알려져 있다. 그래서인지 이 극은 제임스 1세의 조상인 뱅쿠오와 관련된 스코틀랜드의 역사를 다루고 있고 제임스 1세가 지대한 관심을 가졌다고 하는 마녀가 등장한다. 이러한 이유들로 신역사주의자들은 이 극이 제임스 1세의 통치 이데올로기인 왕권신수설을 극화한 것이라고 주장한다.

10 영국 왕으로 등극한 뒤 제임스 1세는 자신이 저술한 『바실리콘 도론(*Basilikon Doron*)』이란 정치 책자에서 국왕은 신이 내린 지배자라는 왕권신수설을 강력히 주장하며 절대왕정을 추구했다. 『맥베스』에서 영국 왕 성에드워드 증거자의 기적적 치유술과 예언력에 대한 묘사는 이런 제임스 1세의 통치 이데올로기를 연상시킨다. 맬컴 왕자는 영국에 머무는 동안 목도한 영국 에드워드 왕이 지닌 신통한 치유 능력에 대해 다음과 말한다.

맬컴: 그분께서는 하늘에 탄원하는 법을 잘 알고 계시어
         의학으로도 고치지 못한, 눈뜨고 차마 볼 수 없을 정도로
         퉁퉁 붓고 종기투성이인 이상한 방문객들을
         그들의 목에 황금 스탬프를 걸고 기도를 하여 치유하시었소.

그분은 이런 치유의 신통력을
다음 왕위 계승자에게 물려준다 하오.
이런 신통한 능력 외에도
그분께는 신성한 예언 능력이 있으시고
그밖에도 갖가지의 신통력이 그의 왕권을 빛내고 있어
그분은 신의 은총으로 가득 찬 분이라 여겨지고 있소.
(4막 3장 149-159행)

Malcolm: How he solicits heaven,

Himself best knows: but strangely visited people,

All swoln and ulcerous, pitiful to the eye,

The mere despair of surgery, he cures,

Hanging a golden stamp about their necks,

Put on with holy prayers: and 'tis spoken,

To the succeeding royalty he leaves

The healing benediction. With this strange virtue,

He hath a heavenly gift of prophecy,

And sundry blessings hang about his throne,

That speak him full of grace.

11 『맥베스』에 관련된 신역사주의자들의 주장에 관해서는 역자의 논
    문 「『맥베스』의 패러독스와 셰익스피어의 정치성」, 『외국문학연구』
    14(2003), 9-25쪽을 참조할 것.

12 자코비언(Jacobean) 시대는 영국 제임스 1세가 재위했던 1603년-1625년까
    지를 말한다. James가 라틴어로 Jacobus여서 붙여진 이름이다.

두 가치관의 상충

두 가치관의 상충

셰익스피어의 역사관을 살펴보려면 먼저 그의 지리관을 살펴보는 것이 도움이 된다. 그는 종종 비극의 배경으로 윤리적 양자택일을 그릴 수 있는 장소를 선택해서 정반대의 삶의 방식이 교차하는 지점을 사건의 배경으로 삼는다. 『맥베스』의 스코틀랜드는 바로 그런 경계지이다. 스코틀랜드는 전쟁을 좋아하는 이교도 사회와 성스러운 기독교 사회 사이에 위치하여 두 개의 다른 세상이 만나는 교차 지점이 된다. 극이 시작할 때 스코틀랜드의 평화는 스코틀랜드 서쪽 열도인 헤브리디스 제도[1]와 북쪽 국가인 노르웨이의 좀 더 야만적인 군대들의 침략으로 깨어진다. 이 병사들은 그들의 야만성을 상기시키는 옛 어휘들인 "검과 투창만 지닌 경보병(kerns)"과

"도끼를 사용하는 무사(gallowglasses)"[2]라고 언급된다.* 스코틀랜드의 남쪽에는 극 속에 제시된 표현들에 따르면 좀 더 기독교화된 영국이 위치한다. 영국에는 성(聖) 에드워드 국왕, 증거자(Edward the Confessor 1003-1066)[3]가 재위 중이라고 분명히 언급되고 있다. 다음 대사에서처럼 그는 줄곧 매우 기독교적 용어로 묘사된다.

> 그분은 이런 치유의 신통력을
>
> 다음 왕위 계승자에게 물려준다 하오.
>
> 이런 신통한 능력 외에도 그분께는 신성한 예언 능력이 있으시고
>
> 그 밖에도 갖가지의 신통력이 그의 왕권을 빛내고 있어
>
> 그분은 신의 은총으로 가득 찬 분이라 여겨지고 있소.
>
> (4막 3장 155-159행)**

To the succeeding royalty he leaves

The healing benediction. With this strange virtue,

---

* 이 어휘들은 원전인 홀린셰드의 『연대기』에서 직접 차용한 것이다. 제프리 블로우(Geoffrey Bullough)의 책, *Narrative and Dramatic Sources of Shakespeare*(London: Routledge and Kegan Paul, 1973) 490쪽 참조.

** 3막 6장 26-34행도 참조할 것.(이 대목에는 "경건하기 그지없는 에드워드 왕", "그 신성한 왕", "이 일을 비준해주신 하나님의 도움으로" 등의 표현들이 담겨있다—역자 주)

He hath a heavenly gift of prophecy,

And sundry blessings hang about his throne,

That speak him full of grace.

　따라서 이 극의 상징적 지리에서 스코틀랜드는 노르웨이
와 영국의 중간에 위치하며 노르웨이보다는 덜 야만적이고
영국보다는 덜 기독교적이다.*

　이 상황은 셰익스피어가 다른 비극들에서 창출한 상징적
지리와 비슷하다. 예를 들어 『오셀로(*Othello*)』에서 사이프러
스[4]는 기독교 문명국인 베니스와 이교도 야만국인 오스만 제
국 사이에 위치하며 오셀로의 정신분열을 비춰주는 공간이
다.**『맥베스』의 지리와 훨씬 더 유사한 것은 『햄릿(*Hamlet*)』
에서 볼 수 있다. 셰익스피어가 그린 덴마크는 마찬가지로 유
럽 문명국의 가장자리에 위치한다. 덴마크 북쪽으로는 또다

---

* 　비슷한 분석으로는 데이비드 로웬달(David Lowenthal)의 "Macbeth: Shakespea-
reMystery Play", *Interpretation*, 16(1989), 351쪽 참조. 『맥베스』에 묘사된 스코틀랜드
를 이해하기 위해 필자가 본 것들 중 가장 잘 된 것은 윌버 샌더스(Wilbur Sanders)가
쓴 "*Macbeth*: What's Done, Is Done", in Wilbur Sanders and Howard Jacobson, *Shakespeare's
Magnanimity: Four Tragic Heroes, Their Friends and Families*(London: Chatto & Windus, 1978)
라는 상상의 에세이였다. 특히 59-65쪽 참조.

** 　필자가 쓴 "*Othello*: The Erring Barbarian Among the Supersubtle Venetians," *Southwest
Review*, 75(1990) 중 특히 300-301쪽 참조.

시 포틴브라스(Fortinbras)[5] 같이 전쟁을 좋아하는 인물들의 땅이자 일대일 대결[6]과 같은 호메로스식 영웅주의의 본산지인 노르웨이가 있다. 남쪽으로는 파리나 비텐베르크[7] 같이 수준 높은 기독교 문명국의 중심지들이 있다. 이 작품에서도 이런 지리적 분열이 주인공의 정신적 분열과 연결된다. 햄릿은 비극적으로 이교도주의와 기독교 사이에서 분열된다. 특히 복수라는 임무에 부딪혔을 때 이 두 개의 서로 다른 삶의 태도가 정반대의 반응을 지시한다.[*] 『맥베스』는 이와 비슷한, 어찌 보면 훨씬 더 강렬하게 지리적 운명을 구현한다. 극 초반에 야만 국가들의 침입은 스코틀랜드에 실질적 위협이 되는데 전쟁을 일삼는 삶의 방식을 지닌 대표적인 국가들로부터의 위협이다. 동시에 셰익스피어는 새로이 기독교화되거나 적어도 생생한 기억 속에 기독교화가 된 스코틀랜드를 창출해 낸다. 그래서 맥베스는 마치 자신의 생애 동안 일어난 일인 양 암살자들에게 복음화를 언급하는 것이다.

이것이 『맥베스』에 등장하는 대부분의 등장인물들이 어느 정도 기독교를 믿고 있다는 사실을 부정하는 것은 아니다. 기독교적 표현들이 자주 등장인물의 입에 오르내리는데,

---

[*] 필자가 편집한 *Hamlet*(Cambridge: Cambridge University Press, 1989) 중 특히 54-55쪽 참조.

예를 들면 던컨(Duncan) 왕의 죽음에 대해 전하면서 맥더프
(Macduff)는 "가장 신성모독적인 살인이 하나님이 기름 부은
신전을 깨부수고"(2막 3장 67-68행)"라고 말한다. 하지만 등장
인물들의 기독교화가 뿌리 깊게 진행된 것은 아니거나 아니
면 적어도 이전의 이교도 개념들과 섞여 있는 징후들이 보인
다. 맥베스가 시종들[8]이 기도할 때 자신이 그들에 합류할 수
는 없었다고 말하며 당황하던 장면을 생각해 보자.

> 맥베스: 한 놈이 '하나님, 우리를 굽어 살피소서'라고 하니
>
> 다른 놈이 '아멘' 하더군.
>
> 그들의 두려움에 사로잡힌 기도를 들으면서 그놈들이
>
> '하나님 굽어 살피소서'라는 말을 할 때 나는 '아멘'이라고
>
> 말하지 못했소.
>
> 맥베스 부인: 너무 그리 심각하게 생각하지 마세요.
>
> 맥베스: 그런데 왜 나는 '아멘'이라 하지 못했을까?
>
> 나야말로 은총이 필요했는데, '아멘'이란 말이
>
> 목구멍에 들러붙어 나오지 않았소.(2막 2장 24-30행)

> Macbeth: One cried 'God bless us!' and 'Amen' the other,
>
> As they had seen me with these hangman's hands.

List'ning their fear, I could not say 'Amen,'

When they did say 'God bless us!'

Lady Macbeth: Consider it not so deeply.

Mecbeth: But wherefore could not I pronounce 'Amen'?

I had most need of blessing, and 'Amen'

Stuck in my throat.

이 장면을 맥베스가 기독교도라는 증거로 제시하는 사람
도 있겠지만 오히려 이 장면은 새 종교를 그가 얼마나 피상적
으로 받아들이고 있는지를 보여준다. 맥베스는 "아멘"을 심
지어 한창 범행을 저지르고 있는 범죄자의 입에서도 자동적
으로 발설되는 이교도의 주문 정도로 여기고 있다. 이 대목은
맥베스가 기독교에서 취할 수 있는 은혜는 기꺼이 취하지만
적어도 이 새 신앙이 신도들에게 부과하는 도덕적 요구 사항
은 충분히 이해하지 못하였음을 보여준다. 『햄릿』에 나오는
클로디어스 왕은 적어도 자신이 저지른 행위가 기독교도처럼
기도를 하려는 자신의 시도와 양립할 수 없다는 것을 이해하
고 있다.[9] 그러나 맥베스는 기독교를 단순히 한 마디 주문 정
도로 축소시키는 것 같다. 이런 것에 비추어 볼 때『맥베스』에
서 그리고 있는 스코틀랜드에서는 기독교가 아직 완전히 뿌

리를 내리지 못하고 다른 신앙들과 경합 중이거나 다른 신앙들의 위협을 받고 있다고 추정할 수 있다.

『맥베스』의 이런 기본적인 상황에 대한 분석은 이 극에서 던컨 왕이 갖고 있는 문제점을 설명하는 데 도움이 된다. 던컨은 아직 완전히 기독교화되지 않은 국가에서 기독교 군주처럼 행동하려고 한다. 그는 분명 호전적인 왕이 아니다. 작품에서 처음 그가 등장할 때(1막 2장) 그는 귀족들이 그를 위해 싸우도록 허락한다.* 등장인물들이 던컨의 훌륭한 자질을 논할 때 그들은 왕의 군사적 역할과 관련된 미덕에 관해서는 칭찬하지 않는다. 그것보다는 그의 자애로움에 대해 말하거나 아니면 주로 맥베스의 대사를 통해 그의 연약함과 연민을 불러일으키는 능력(1막 7장 16-25행)[10]에 대해 말한다. 이런 모든 면을 감안해 볼 때 던컨은 노르웨이의 호전적인 왕보다는 영국의 에드워드 왕과 비슷하다. 스스로도 인정하듯이 던컨은 사람을 너무 믿어서 귀족들의 가슴 속에 숨겨진 야망을 읽지 못한다(1막 4장 12-15행).[11] 작품의 묘사로 볼 때 그는 스코틀랜드에서는 이례적인 왕으로 제시되어 있다.** 스코틀랜드의

---

* 홀린셰드는 던컨에 대해 "전투 기술이 없었다"고 기술하고 있다.(Bullough, 490쪽 참조)

** Sanders, *Shakespeare's Magnanimity*, 69쪽 참조

다른 지도자들은 맥베스, 뱅쿠오, 맥더프 같이 위대한 장수들로 하나같이 호전적인 사람들이다. 오로지 던컨 왕만 군사를 이끌고 전쟁터로 나가지 않고*, 대신 한쪽에 비켜서서 보고나 받고 방관자처럼 "저 피 흘리는 자는 누구냐"(1막 1장 1행)와 같이 전쟁에 대해 묻는다. 던컨은 전적으로 자신을 위해 전쟁터에서 싸우고 야만스런 침입자들에게 대적하는 귀족들에게 의존한다.**

던컨이 저지른 치명적인 실수는 자신의 지위가 진실로 얼마나 약하고 불안정한지를 인지하고 인정한 점이 아니다. 이 극 속 스코틀랜드는 가장 영향력 있는 귀족들이 누가 자신들의 왕이 될지에 대해 발언권을 지닌 선출식 군주제로 제시되

---

* 이 점에서 셰익스피어는 대조를 극명히 하기 위해 원전에서 벗어난다. 홀린셰드는 어떤 대목에서 던컨에 대해 다음과 같이 기술하고 있다. "그는 아주 용감한 장수처럼 최대한 빠르게 게으르고 꾸물거리는 족속들을 따로 모아 군대를 만들기 시작했다. 왜냐하면 종종 미련한 겁쟁이와 게으른 자들이 그럴 필요가 있을 때에는 아주 강하고 적극적이기 때문이다. 왕이 직접 주요 전투를 진두지휘하거나 후방에서 지휘했다."(Bullough, 492쪽 참조)

** Sanders, *Shakespeare's Magnanimity*, 65쪽 참조. 던컨을 완벽한 지도자로 이상화하는 비평 경향에 대해 통찰력 있게 비판한 비평으로는 Harry Berger, Jr., "The Early Scenes of Macbeth: Preface to a New Interpretation", *ELH*, 47(1980), 1-31쪽 참조. 버거는 "영웅적 신하들의 지나치고 과장된 공적"이 던컨에게 어떻게 위협이 되는지 말하고(22) "신하들이 그를 위해 봉사할수록 그가 그들에게 더 많이 베풀어야 하고, 그가 더 베풀어 그들의 야망과 권력을 키워줄수록, 그의 통치가 더 불안정해지는" 사회에서 왕이 처한 곤경에 대해 말한다(24-25).

어 있다.*[12] 스코틀랜드 왕이 위대한 귀족들의 비위를 맞출 필요는 없지만 자신을 지지해 주는 그들의 군사력에 절대 의존하고 있기 때문에 계속 그들과의 동맹을 유지하기 위해 노력해야만 한다. 던컨이 영주들에게 작위와 명예와 선물을 많이 베푸는 것은 이 문제를 해결하기 위한 하나의 방식이다.

그런데 그는 아주 중대한 실수를 저지르고 마는데 맬컴(Malcolm)[13]을 컴버랜드 공[14]으로 지명하여 자기 아들을 스코틀랜드의 다음 왕으로 임명한 것이다. 던컨은 마치 자신이 이미 세습 군주제 시대의 왕인 양, 아직 원시적인 스코틀랜드가 아니라 완전히 순화된 영국의 왕인 양 행동한다. 맬컴을 자기 상속자로 성급하게 지명함으로써 던컨은 자신이 처한 환경 속에서 왕이 영주들에게 미칠 수 있는 영향력을 스스로 손상시킨다. 영주들은 왕이 결국 자기들 중 한 명이 다음 왕위 계승자가 되는 데 힘을 실어 줄 거라는 기대 때문에 왕에게 충성을 바쳐 온 것이다. 사건이 전개되면서 던컨이 맬컴을 승계자로 지명한 것이 재앙을 불러왔음이 분명해지는데 이로 인해 맥베스는 여러 정황이 그를 왕위로 끌어 주기를 기다리는

---

*   선출식 군주제 국가로서의 스코틀랜드에 대해서는 2막 4장 29-32행과 Brooke의 책 74쪽을 참조할 것. 스코틀랜드의 왕위에 관한 복잡한 역사적 세부 원칙에 대해서는 Bullough의 책 431-432쪽 참조.

대신 왕을 살해하게 된다.[15]

던컨은 자신이 우두머리로 있는 정치 체제의 정치적 필요
성을 이해하지 못한 듯하다. 게다가 시기적으로도 끊임없는
전쟁이 삶의 한 방식이 되어 있는 나라의 통치권을 유지하는
데 적당해 보이지 않는다. 이 극이 시작할 때 벌어진 내란은
던컨이 왕으로서 실패했다는 증거이다. 셰익스피어는 분명
이 점을 원전인 홀린셰드의 『연대기』[16]에서 발견했을 것이다.

> 던컨 통치 초기에는 아주 조용하고 평화로워서 눈에 띄는 별다른
> 문제가 없었다. 그러나 왕이 범죄자들을 처벌하는 데 얼마나 나태한
> 지를 알아차린 뒤부터는 많은 무법자들이 문제를 일으켜서 첫 번째
> 사람들이 일으켰던 것과 같은 치안 방해의 소란으로 국가의 평화와
> 안녕을 해쳤다.*

홀린셰드는 던컨 왕이 신하들을 용서하는 방식으로 통치
에 실패했다고 비난했다. 기독교도로서는 찬미의 대상인 미
약함이라는 바로 그 자질이 호전적인 사회의 왕으로서 성공

---

*   Bullough, 488쪽.

하는 데는 장애가 된 것이다.* 이런 생각의 단초는 홀린셰드가 던컨의 성격과 맥베스의 성격을 비교한 데서 찾아볼 수 있다.

맥베스는 용감한 신사이다. 만약 그의 성정이 조금만 덜 잔인했더라면 통치자로서 아주 훌륭한 자질을 갖추었다고 여겨졌을 것이다. 반면 던컨은 너무 온유하고 자애로워서 사람들은 이 두 사촌의 성향과 태도를 서로 절반쯤 나눠 가졌으면 하고 바랐다. 한 사람은 지나치게 관용적이고 한 사람은 지나치게 잔인하니 이런 극단적인 성향을 두 사람이 딱 절반씩만 공평하게 나누어 가졌으면 던컨은 훌륭한 왕이 됐을 것이고, 맥베스는 훌륭한 장수가 되었을 것이라고 아쉬워했다.**

이 부분은 잔인함과 인자함을 병렬시킴으로써 이교도의 호전적인 기질과 기독교의 온순한 감정 사이의 대조를 지적한다.*** 아마 셰익스피어가 스코틀랜드 주제로 극을 쓰려고

---

* 이런 이중 잣대(현세 vs 내세)에 대해서는 맥더프 부인(Lady Macduff)도 언급하고 있다. "나는 지금 남에게 해를 가하는 것은 흔히 찬양받고, 남에게 선행을 베푸는 것은 때때로 위험스런 어리석음이라고 평가되는 이 지상에 살고 있다."(4막 2장 75-77행)

** Bullough, 488쪽.

*** 셰익스피어가 맥베스의 잔인함을 홀린셰드에게서 가져온 것은 분명하지만 특히 반(反)기독교적으로 변형한 것은 셰익스피어 자신의 아이디어인 것 같다. 홀린셰

소재를 찾고 있을 때 이 대목이 셰익스피어의 눈을 사로잡았을 것이다. 이는 셰익스피어가 맥베스/던컨 이야기에 매력을 느낀 것은 홀린셰드가 기술한 바대로 잔인함과 인자함이라는 정반대의 삶의 태도 사이의 충돌을 그릴 수 있었기 때문이었음을 말해 준다. 우리는 흔히 맥베스의 비극에 집중하지만 이 극은 던컨의 비극도 보여 주고 있다. 간증자 에드워드 왕에게 내재된 좀 더 문명화된 기독교식 군주 개념과 노르웨이 사람들에게 내재된 좀 더 원시적인 전사로서의 군주 개념 사이에 비극적으로 끼어 있는 던컨의 비극 말이다.

군주의 개념에 대한 이런 대조는 원전인 『연대기』의 역모자 맥도월드(Macdowald)에 의해 생생하게 묘사되어 있다. 그는 던컨을 "스코틀랜드인처럼 용감하고 강인한 호전적인 백성을 통치하기보다 수도원의 게으른 수도사들이나 통치하는 것이 어울리는 겁 많고 나약한 인간"이라고 부른다.* 원전의

드는 어떤 부분에서 "맥베스는 젊은이들이 덕 있는 태도를 지니게 하고, 교회 다니는 자들은 예배를 보러 가게 해주려고 무던히 애쓰기도 했다."(Bullough, 497-498쪽)라고 기술한다. 이 부분은 맥베스가 스코틀랜드를 정의롭게 잘 다스렸던 10년 동안에 대해 기술한 대목에서 나온다. 하지만 셰익스피어는 이 10년을 제거했다. 대체로 셰익스피어는 홀린셰드가 맥베스와 스코틀랜드에 대해 설명할 때 이교도적 요소와 기독교적 요소를 혼란스럽게 섞어 놓았다고 생각했으며 작가 자신은 이 두 요소를 극적으로 대비시키고 있다.

*   Bullough, 489쪽.

그 어떤 대목보다 바로 이 대목에서 셰익스피어는 기독교적 온유함에 대한 영웅 전사들의 경멸이라는 주제를 취했을 수 있다. 맥도월드가 이렇게 던컨을 비웃는 것은 셰익스피어 첫 번째 극인 『헨리 6세(*Henry VI*)』[17]에서 찬탈자 요크 공 리처드 (Richard)가 헨리 6세에게 하는 다음 대사와 유사하다.

> 그대의 머리엔 왕관이 어울리지 않소.
>
> 그대의 손은 경외스러운 군주의 왕홀의 영광보다는
>
> 성지 순례자의 지팡이를 쥐어야 하오.
>
> 황금 왕관은 이 내 이마를 둘러싸야 하오.
>
> 마치 아킬레스의 창처럼 나의 미소와 인상에 따라
>
> 사람을 죽일 수도 있고 살릴 수도 있는 나의 이마 말이오.
>
> (『헨리 6세』, 2부 5막 1장 96-101행)

> That head of thine doth not become a crown:
>
> Thy hand is made to grasp a palmer's staff
>
> And not to grace an aweful princely sceptre.
>
> That gold must round engirt these brows of mine.
>
> Whose smile and frown, like to Achilles' spear,
>
> Is able with the change to kill and cure.

이 대목에서 볼 수 있듯이 여러 가지 면에서 던컨과 맥베스의 대조는 셰익스피어가 그의 초기 작품에서 최초로 폭정을 분석하면서 했던 성인 같은 헨리 6세와 호전적인 리처드 3세[18]의 대조를 되풀이하며 심화시키고 있다.*

『맥베스』의 결말은 셰익스피어 첫 번째 4부작[19]에 나오는 장미 전쟁[20]의 결말에 다시 귀를 기울인다. 리처드 3세 통치의 여파로 대학살로 끝난 영국의 많은 귀족 지도자들의 파멸은 헨리 7세와 튜더 왕조[21]하의 영국 군주들의 중앙 집권을 가능하게 해주었다.

마찬가지로 『맥베스』에서도 극이 끝날 때쯤에는 왕권에 위협이 될 수 있는 많은 잠정적 라이벌들이 제거되어서 맬컴이 자기 아버지보다는 평화롭게 통치할 수 있을 거라는 예상을 할 수 있게 해준다. 그런 것들을 고려하면 맬컴이 그의 봉건 시대의 동지들을 재구성하는 순간에 셰익스피어가 왜 그렇게 연연했는지를 설명해 줄 것이다. "이제 나의 영주들과 친척들을 공작으로 임명한다/ 그들은 스코틀랜드에서는 그런 영광스런 작위를/ 처음 받는 자들이 될 것이다"(5막 9장

---

* 그 외에도 『맥베스』에서는 정치에 미치는 여성들의 역할, 잔다르크라는 인물에 부여되었던 마녀 논란을 되살린 점 등으로 볼 때 『헨리 6세』에서 사용했던 소재들에 되돌아간 듯 보인다.

28-30행). 영주들을 공작으로 바꾸는 것은 스코틀랜드가 영국화되었음을, 그리고 야만스런 중세 족장들의 공동체 사회가 비교적 중앙집권적인 군주제로 바뀌었음을 상징할 것이다. 결국 맥베스는 그의 적들이 영국의 성 에드워드 국왕 증거자의 도움을 끌어들이게 함으로써 아이러니하게도 자신이 그토록 경멸하던 스코틀랜드의 복음화 과정을 완결시킨다. "영국 쾌락주의자들"의 지나친 세련됨에 대한 경멸에도 불구하고 맥베스는 결국 그들이 스코틀랜드로 들어오는 발판을 제공하며 종말을 맞이한다. 맬컴은 영국의 도움으로 스코틀랜드가 순화되리라 예상하며 "이제 잠자리가 안전한 날이 멀지 않았소."(5막 4장 1-2행)라고 말한다. 그리고 영국군과 기독교의 힘을 긴밀히 연관 짓는다(4막 3장 189-92행).[22] 비록 맬컴도 극 초반에 전쟁에서 던컨 왕만큼 부하들의 도움에 전적으로 의존하지만 극이 끝날 때쯤에는 던컨의 실수[23]에서 배운 바가 있다는 징후들을 보여준다. 특히 4막 3장에서 맥더프에게 보이는 빈틈없는 행동[24]으로 판단해 볼 때 그는 분명 사람을 지나치게 믿었던 던컨보다 낫다. 극이 끝날 때쯤 맬컴은 홀린셰드가 제안했던 던컨과 맥베스의 통합된 모습을 보여줄 준비가 되어 있는 듯하다. 적들의 강인함을 배운 맬컴은 기독교 군주와 이교도 군주의 간극을 메울 수 있을 것이다.

그럼에도 불구하고, 이 극의 많은 행위에서 이 두 세계 사이의 긴장 관계는 여전히 강한 것 같다. 던컨과 달리 맥베스는 이런 변화의 시기에 삶의 변화를 면밀히 분석한다. 던컨은 자기 잘못을 전혀 깨닫지 못하고 죽음을 맞이하지만, 맥베스는 자기가 속한 역사적 순간의 독특함에 대해 어느 정도 감지한다. 그가 궁정 연회에 뱅쿠오의 유령이 나타났을 때 놀라면서 하는 다음 대사를 생각해 보자.

> 오랜 옛적부터 피를 보는 일은 있었지. 인간이 만든
>
> 법령이 사회를 정화하여 자애로운 복지를 이루기 전에도.
>
> 그래, 그리고 그 이후에도 듣기에도 끔찍한 살인은
>
> 자행되어 왔고. 그때에는 머리가 잘리면 그 자는 죽었고,
>
> 그것으로 끝이었다. 그런데 지금은
>
> 그들의 머리에 20번이나 치명적 살인을 가해도
>
> 그것들이 다시 일어나
>
> 나를 내 의자에서 밀쳐 내는구나. (3막 4장 74-81행)

> Blood hath been shed ere now, i' th' olden time,
>
> Ere human statute purg'd the gentle weal;
>
> Ay, and since too, murthers have been perform'd

Too terrible for the ear. The time has been,

That, when the brains were out, the man would die,

And there an end; but now they rise again

With twenty mortal murthers on their crowns,

And push us from our stools.

이 공포스러운 경험이 맥베스로 하여금 과거와 현재 사이의 강한 대조를 불러일으킨다. 그는 스코틀랜드에서 전사들의 야만스러움을 기독교 정신이 순화시키는 문명화 과정이 진행되고 있음을 인정한다("인간이 만든 법령"이 "사회를 정화하여 자애로운 복지를 이루었다"). 그러나 맥베스는 이 과정을 좋게만 보지 않는다. 그가 스코틀랜드의 새로운 제도에서 당혹해하는 것은 특히 기독교의 한 가지 면인데 그건 바로 새로운 부활의 가능성이다. "지금은 …… 그것들이 다시 일어난다"는 대사에서 맥베스는 사람이 죽으면 죽은 채로 있는 품위를 지녔던 이교도 시절을 향수를 가지고 돌아본다.

이 장면에서는 부활에 대한 맥베스의 관심을 특히 지적하고 있지만, 그의 대사에서는 보다 보편적인 관심을 볼 수 있다. 맥베스의 반응은 옛 이교도 전사가 새로운 세계관과 점점 무한히 확장되고 있는 기독교에 직면해서 느끼는 방향 감각

상실을 보여준다.* 그는 살아 있는 적을 대면해서는 문제를 해결 못한 적이 없다. 그건 전사로서 그가 늘 훈련을 받아온 상황인 것이다. 그가 지금 감당하지 못하는 것은 이 세상의 것이 아닌 세력, 일종의 초자연적 유령인 것이다.

> 인간들이 하는 일이라면 무엇이든 할 것이다.
>
> 그대가 거친 러시아 곰처럼, 뿔이 달린 코뿔소처럼,
>
> 혹은 히르카니아[25] 호랑이처럼 다가와도,
>
> 그 어떤 형체를 취한다 해도 그것[26]만 아니라면
>
> 나의 굳건한 신경은 떨지 않을 것이다. (3막 4장 98-102행)

> What man dare, I dare.
>
> Approach thou like the rugged Russian bear,
>
> The arm'd rhinoceros, or th' Hyrcan tiger,
>
> Take any shape but that, and my firm nerves
>
> Shall never tremble.

---

* 맥베스가 어떻게 "자신이 이해하지 못하는 것에 대해 불안감을 느끼는지"에 대해서는 Howard B. White, "Macbeth and the Tyrannical Man", *Interpretation*, 2(1971), 149쪽 참조.

이 세상에 존재하는 것은 그 어떤 것도 이 용감한 전사 맥베스를 놀라게 하지 못하지만 다른 세계에서 온 것 같은 존재는 그를 두려움에 사로잡히게 하고 나중에 보이듯이 그의 영혼 깊숙이 자리 잡은 뭔가를 건드리거나 불러내는 것 같아 보인다. 분명 초자연적인 유령을 단순히 기독교적 존재와 동일시할 수는 없다. 세네카[27] 극을 보면 알 수 있듯이 유령은 이교 틀에서도 가능하다. 셰익스피어는 분명히 『코리오레이너스(*Coriolanus*)』[28]에서 로마 공화국 초기를 묘사할 때 초자연적인 요소를 줄이려고 애썼지만, 『줄리어스 시저』와 『안토니와 클레오파트라』에서 공화정이 기울어지면서 옛 종교가 약화되는 것을 극화하는 방식으로 초자연적 요소를 강조했다.* 그러나 그들도 유령을 만나 놀라기는 하지만 로마 인물들은 맥베스처럼 공포에 사로잡히지는 않는다.

브루투스가 침착하게 시저의 유령을 대면하는 것이 대표적인 예이다.

> 브루투스: 내 피를 얼어붙게 만들고 내 머리털이 서게 만드는 그대는 신인가, 천사인가, 아니면 악마인가,

---

* 필자가 쓴 *Shakespeare's Rome*, 142-45쪽 참조.

무엇인지 정체를 밝혀라.

유령: 너를 괴롭히는 악령이다, 브루투스.

브루투스:　　왜 나타난 것이냐?

유령: 필리파이에서 만날 것이란 걸 알리려 왔다.

브루투스: 그곳에 다시 나타날 거란 말이냐?

유령: 그렇다, 필리파이에서.

브루투스: 그렇다면 필리파이에서 보자.(유령 퇴장)

　　용기를 내니 사라져버리는구나.

　　악령이여, 내 그대와 좀 더 이야기 하고 싶었건만.

(4막 3장 279-88행)

Bru: Art thou some god, some angel, or some devil,

　　That mak'st my blood cold, and my hair to stare?

　　Speak to me what thou art.

Ghost: Thy evil spirit, Brutus,

Bru:　　　　　　　　　　Why com'st thou?

Ghost: To tell thee thou shalt see me at Philippi.

Bru: Well; then I shall see thee again?

Ghost: Ay, at Philippi.

Bru: Why, I will see thee at Philippi then. [Exit Ghost.]

Now I have taken heart thou vanishest.

Ill spirit, I would hold more talk with thee.

비록 시저의 유령이 등장하자 처음에는 놀랐지만 브루투스는 곧 정신을 가다듬는다. 브루투스의 "그렇다면 필리파이에서 보자"는 차분한 대사는 맥베스가 뱅쿠오의 유령에 대해 보이는 반응과 비교해 볼 때 셰익스피어가 그린 로마인들이 초자연적 존재가 그들의 삶에 침입했을 때 얼마나 절제된 방식으로 그것들을 받아들였는지를 보여준다. 셰익스피어는 이교도 사회가 초자연적인 존재의 가능성을 허용하고 있었음을 인식하고 있다. 하지만 자연적인 존재와 초자연적인 존재 사이의 간극이 이교도 사회에서는 그렇게 크지도 않았고, 심하지도 않았다. 엄격히 말하면 이교도 사회는 자연적 존재와 초자연적 존재를 구분하기 이전의 시대라고 말할 수 있다. 영웅이나 악마와 같이 온갖 종류의 중간적 존재들을 가진 이교도 사회는 신과 인간의 중간적 존재를 허용하고 신의 영역과 인간의 영역을 기독교처럼 극단적으로 분류하려고 하지 않았다. 기독교는 신성이라는 초월적 개념을 갖고 인간과 신 사이에는 뛰어넘을 수 없는 간극이 존재한다고 생각했다. 이건 아주 복잡한 문제이지만, 필요한 모든 특성들을 고려해 볼 때 기독교는 분명히 이교도보다 세속적이지 않은 종교이다. 맥베스는 초자연적인 것들이 그의 존재에 심한 균열을 초래한다고 생각하기 때문에 "그때에는 머리가 잘리면 사람들이 죽던 시절이 있었지"라고 말하며 시대를 구분하면서 그것들의 출현에 격하게 반응한다. 간단히 말해 『맥베스』에서 중요한 점은 기독교 자체의 영향이 아니라 이교도식으로 사고하는 데 익숙한 사람들에게 기독교가 미치는 영향이다. 셰익스피어의 모든 비극 작품들 중에서는 아마도 『맥베스』가 초자연적인 세력이 가장 심각한 영향을 미치는 작품일 것이다.[29] 이런 주제는 셰익스피어에게 이교도 전사가 자신이 살던 협소한 세계에서 떨어져 나와 현세와 내세를 명확히 구분하는 기독교적 배경에 놓여있을 때 어떤 일이 발생하는지를 탐구해 볼 기회를 제공한다.

1   헤브리디스 제도(Hebrides)는 스코틀랜드 북서쪽 대서양에 산재해 있는
    500여 개의 섬을 말하는데 이너헤브리디스 제도와 아우터헤브리디스
    제도로 나뉜다.

2   kern(경보병)은 게일족 병사를 가리키는데 특히 중세 시대의 경보병대를
    이른다. gallowglass(무사)는 스코틀랜드 서쪽 해안지대에 정착한 노르웨
    이계 엘리트 용병들을 가리킨다. 이 단어는 외국의 젊은 용사라는 뜻의
    아일랜드어 galloglaigh에서 유래했다. 그들은 주로 전투용 도끼를 무기
    로 사용한다.

3   영국 왕 에텔레드 2세(Ethelred II)와 그의 아내 노르망디(Normandie)의 리카
    르두스 1세(Richardus I)의 딸인 엠마(Emma)의 아들로 태어나 1042년 영국
    왕위에 올랐다. 그는 신앙심이 깊어 웨스트민스터(Westminster) 사원을 재
    건하고 성 베드로(Petrus) 대수도원을 지었다. 그리고 법전을 편찬하고 고
    아들의 구호 사업을 추진하고 가난한 백성들을 위해 감세 정책을 실시
    했다. 그래서 그는 '증거자'라는 영광스런 칭호를 얻었다. 그가 딱 한 번
    무기를 든 것은 스코틀랜드의 왕자 맬컴(『맥베스』에서 시해당한 던컨 왕의
    아들로 후에 영국왕의 지원을 받아 맥베스를 축출하고 왕권을 되찾는다)을 돕기
    위한 것이었다고 알려져 있다. 그는 앵글로 색슨족의 마지막 왕으로, 중
    세 시대 영국의 성인들 중에서 가장 존경받는 성인 가운데 한 명이다.

4   베니스에서 무용(武勇)을 떨치고 있던 무어인 용병 오셀로는 베니스
    원로 귀족의 딸 데스데모나(Desdemona)와 사랑에 빠져 비밀 결혼을 하
    게 된다. 그들의 비밀 결혼이 밝혀져서 데스데모나의 아버지 브라밴쇼
    (Brabantio)가 원로원 회의에서 오셀로를 고발하나 마침 투르크족들이 베
    니스 령인 사이프러스 섬을 침공해 왔다. 사이프러스 섬을 침공한 외적
    을 막는 데 적임자는 오셀로밖에 없다고 판단한 베니스 공작은 이 결혼
    에서 오셀로를 지지하며 사이프러스 섬으로 그를 급파한다. 마침 태풍

이 불어와 무력 충돌 없이 투르크족은 섬멸했지만 오셀로는 이 섬에서 다른 전쟁을 치르게 된다. 이아고(Iago)라는 부하의 모략에 의해 아내가 젊은 부관 캐시오(Cassio)와 불륜을 저질렀다고 의심하게 된 오셀로는 아내 데스데모나를 살해하고 자살한다.

5 『햄릿』에는 덴마크의 왕자 햄릿과 비슷한 연령의 노르웨이 왕자가 등장한다. 햄릿 왕자의 아버지인 햄릿 선왕과의 결투에서 패해 죽임을 당하고 결투의 계약대로 노르웨이 땅 일부를 빼앗긴 포틴브라스 선왕의 아들이다. 그는 아버지가 빼앗긴 땅을 덴마크로부터 되찾고자 몰래 군대를 소집하다 햄릿의 숙부이자 현 덴마크 왕으로부터 제재를 당한다. 포틴브라스는 이 극에서 아버지의 복수를 수행하지 못하고 주저하는 햄릿의 성격을 부각시켜 주는 인물이고 극 후반에 햄릿의 유언에 의해 덴마크의 왕위 계승자로 지목받는다.

6 『햄릿』에서 햄릿의 친구 호레이쇼(Horatio)의 설명에 의하면 노르웨이 선왕 포틴브라스가 햄릿 선왕에게 일대일 결투를 제안했다가 결투에서 죽임을 당하고 결투에 걸었던 땅도 빼앗겼다.

7 비텐베르크는 독일 동부 작센안할트 주에 있는 도시로 마르틴 루터가 「95개 조의 의견서」를 작성해 1517년 10월 31일 자로 만성교회(Church of All Saints)의 목조 대문에 붙임으로써 종교개혁이 시작된 곳이다.

8 던컨 왕을 호위하던 시종들인데 맥베스 부인은 던컨 왕을 살해하기 위해 이들에게 수면제를 탄 술을 마셔 곯아떨어지게 한다. 하지만 맥베스가 던컨 왕을 시해하는 순간 이들은 잠결에 그 장면을 목도하고 '하나님 우리를 굽어살피소서'라고 기도한다. 그런데 이때 맥베스는 '아멘'이라는 단어가 목구멍에 들러붙어 나오지 않았다고 탄식한다. 나중에 맥베스 부인이 현장으로 다시 돌아가 이들 손에 칼을 쥐어 주고 던컨의 피로

그들에게 피칠을 하고 나옴으로써 결국 던컨 왕 살해의 혐의는 그들에게 돌아간다. 던컨 왕 시해가 밝혀지자 던컨의 두 아들이 목숨에 위협을 느껴 각각 잉글랜드와 아일랜드로 도주하자 이 시종들은 두 왕자의 사주를 받은 것으로 간주된다.

9   이를 보여주는 클로디어스의 대사는 다음과 같다.

> 내 죄는 이미 저질러진 것. 그러나 어떤 기도를
> 드려야 알맞을까? '비열한 살인죄를 용서하소서'라고 할까?
> 안될 말이지. 나는 살인의 결과 얻은 이득을
> 아직도 움켜쥐고 있지 않은가.
> 왕관와 야망, 그리고 왕비를 손아귀에 넣고 있지 않은가?
> 죄로 얻은 소득을 어깨에 짊어진 채 그 죄를 용서받을 수 있을까?
> 이 썩어빠진 세상에선 죄로 더럽혀진 손도
> 황금으로 덧칠하면 정의를 밀쳐낼 수 있으며
> 부정하게 긁어모은 바로 그 재물로 국법을 매수하는 것쯤이야
> 식은 죽 먹기지. 하지만 천국에서는 그게 통할 수 없어.
> 기만은 통하지 않아. 하나님 앞에서 우리 행위는
> 있는 그대로 드러나고, 우리는 자신의 죄와 마주 대하면서
> 모든 죄상을 일일이 실토할 수밖에 없지 않은가. (3막 3장 51~64행)

> My fault is past. But, O, what form of prayer
> Can serve my turn? 'Forgive me my foul murder'?
> That cannot be; since I am still possess'd
> Of those effects for which I did the murder,
> My crown, mine own ambition and my queen.
> May one be pardon'd and retain the offence?
> In the corrupted currents of this world

Offence's gilded hand may shove by justice,

And oft 'tis seen the wicked prize itself

Buys out the law: but 'tis not so above:

There is no shuffling, there the action lies

In his true nature; and we ourselves compell'd,

Even to the teeth and forehead of our faults,

To give in evidence.

10   맥베스: 게다가 던컨은

후덕한 성정을 지녔으며

그의 공적은 분명해서,

그의 목숨을 거둬 간 끔찍한 악행에 대해

그의 미덕은 천사들의 나팔 소리처럼 탄원할 것이다.

또한 동정의 목소리는

돌풍에 걸터앉은 벌거숭이 갓난아이처럼,

혹은 보이지 않는 대기의 준마를 탄 하늘의 천사처럼

그 끔찍한 악행을 모든 이들의 눈 속에 불어넣어

눈물로 바람을 익사시킬 터. (1막 7장 16-25행)

Macbeth: Besides, this Duncan

Hath borne his faculties so meek, hath been

So clear in his great office, that his virtues

Will plead like angels, trumpet-tongued, against

The deep damnation of his taking-off;

And pity, like a naked new-born babe,

Striding the blast, or heaven's cherubim, horsed

Upon the sightless couriers of the air,

Shall blow the horrid deed in every eye,

That tears shall drown the wind.

11 던컨: 얼굴만 보고
     사람의 마음을 알 길은 없구나.
     나는 그자를
     절대로 믿었었다.(1막 4장 12-15행)

  Duncan: There's no art
    To find the mind's construction in the face:
    He was a gentleman on whom I built
    An absolute trust.

12 『맥베스』에서 선출식 군주제를 엿볼 수 있는 장면은 다음 대사이다.

  로스: 그렇다면
     왕권은 맥베스 장군에게 넘어갈
     능성이 가장 크겠네요.
  맥더프: 벌써 지명되어서
     대관식을 하시러 스쿤으로 가셨소. (2막 4장 29-32행)

  Ross: Then 'tis most like
    The sovereignty will fall upon Macbeth.
  Macduff: He is already named, and gone to Scone
    To be invested.

13 던컨 왕의 첫째 왕자로 맥베스의 역모 뒤 영국으로 망명을 갔다가 영국
  에드워드 왕 증거자의 도움으로 맥베스를 축출하고 다시 왕권을 차지
  한다.

14 스코틀랜드의 작위로 왕위 계승권을 가진 자리이다.

15 던컨 왕이 맬컴을 컴벌랜드 공으로 지명하자마자 맥베스가 하는 다음
    방백(傍白)을 통해 그가 그 순간 무력으로라도 마녀들의 예언을 실현시
    키려고 결심했음을 알 수 있다.

> 맥베스: (방백) 컴벌랜드 공이라. 이건 나의 갈 길에 놓여있으니
>   걸려 넘어지든가 아니면 뛰어넘어야 할 장애물이 아닌가!
>   별들이여, 너의 빛을 감추어라!
>   그 빛이 내 마음 속 깊은 곳의 검은 욕망을 보지 않도록.
>   눈이여, 손이 하는 짓을 보지 말지어다. 그러지 아니하면
>   눈은 손이 행한 걸 보길 두려워 할 것이다. (1막 4장 48-53행)

> Mecbeth: [Aside] The Prince of Cumberland! that is a step
>   On which I must fall down, or else o'erleap,
>   For in my way it lies. Stars, hide your fires;
>   Let not light see my black and deep desires;
>   The eye wink at the hand; yet let that be,
>   Which the eye fears, when it is done, to see.

16 당시 연극은 대단히 인기가 있어서 극장들은 쉴 새 없이 새로운 공연
    을 무대에 올려야 했다. 셰익스피어는 그런 끝없는 요구를 만족시키기
    위해 신화나 성경, 역사책 등에서 유명한 영웅 이야기나 군주들의 이야
    기를 빌려 왔다. 셰익스피어는 많은 원전들에서 이야기를 차용해 왔지
    만 주로 그리스 로마 신화나 플루타르코스(Plutarch)가 쓴 『영웅전(Lives of
    the Noble Grecian and Romans)』, 라파엘 홀린셰드(Raphael Holinshed)가 쓴 『영
    국, 스코틀랜드, 아일랜드의 연대기(Chronicles of England, Scotland and Ireland)』
    (이하 『연대기』로 표기) 같은 책들에서 줄거리를 빌려 왔다. 영국과 스코틀

랜드를 배경으로 하는 『리어 왕(*King Lear*)』, 『맥베스』같은 비극, 로맨스극 『심벌린(*Cymbeline*)』, 영국 사극 전체는 홀린셰드의 『연대기』에 크게 의존하고 있다. 그런데 홀린셰드의 『연대기』는 정사(正史)라기보다는 야사(野史)이다.

17 셰익스피어가 가장 먼저 집필한 작품으로 홀린셰드의 『연대기』를 원전으로 하여 15세기에 일어난 장미 전쟁을 그린 영국 사극이다. 강력했던 헨리 5세가 죽은 뒤 그의 유약한 아들이 헨리 6세로 통치하는 동안 헨리 5세가 힘겹게 정복했던 프랑스의 대다수 영국령을 잃었다. 랭카스터 가문의 헨리 6세가 이렇게 무력하고 무능하자 그 친척이자 경쟁자였던 요크 가문의 권력 찬탈로 영국은 삼십여 년의 내란을 겪게 된다. 이 극은 헨리 6세와 그의 태자 에드워드를 살해하고 에드워드 4세가 이끄는 요크가의 승리로 끝난다. 끝없는 음모와 배신, 이해하기 힘든 갑작스런 심리 변화 등 극의 구성이 다소 산만한 느낌을 준다. 인물의 묘사에서도 아직 개연성과 치밀함이 떨어져 초기극의 한계를 보여 준다. 이 극의 주인공 헨리 6세는 너무나 나약하고 무기력한 존재이다. 그런 그와 대조적으로 그의 아내 마가렛 왕비나 섭정이었던 글로스터 공의 아내 엘리너, 그리고 프랑스의 여전사 조안(쟌다르크)은 너무도 강하다. 왕위 계승권을 주장하는 요크 공에게 헨리 6세는 자신이 죽으면 자신의 아들이 아닌 그와 그의 아들들에게 왕위를 물려주겠노라고 약속했다. 이에 분노한 마가렛 왕비는 아들 에드워드와 군사를 일으켜 요크 공과 결전을 벌였다. 그리고 글로스터 공의 아내 엘리너는 자기 남편이 왕좌를 차지할지 여부를 알아내기 위해 점쟁이와 주술사들을 데려다 유령들을 불러내게 했다. 그래서 그녀는 마녀 행각을 했다는 이유로 체포되었다. 아마존의 여전사들을 떠올릴 정도로 군대들을 이끌고 전장을 누비는 이 여성들을 셰익스피어는 마녀화시켜 단죄한다.

18 장미 전쟁에서 헨리 6세와 그의 아들 에드워드를 폐위시키고 왕위에 오

른 에드워드 4세의 막내 동생이다. 헨리 6세와 에드워드를 직접 살해해 왕권 찬탈의 일등 공신이 된 리처드는 에드워드 4세가 죽은 뒤 리처드 3세로 등극한다. 셰익스피어는 그의 이야기를 『리처드 3세』에서 그리고 있다. 곱추로 태어나, 날 때부터 세상에 대한 분노와 복수심에 사로잡혀 있고, 권모술수에 대단히 뛰어나고 권력욕도 강했던 리처드는 요크가가 왕권을 차지하고 평화를 누리게 되자 둘째 형을 음해해 죽이고 자신이 왕권을 차지할 계획을 세운다. 결국 큰 형 에드워드 4세가 병사하자 어린 조카들을 죽이고 왕위에 오른다. 셰익스피어 작품 속에서 최고 악당으로 묘사된 리처드 3세의 모습에서는 튜더 사관을 엿볼 수 있다. 튜더 왕조의 시조(始祖)인 헨리 튜더(Henry Tudor)는 바로 이 리처드 3세를 폐위시키고 장미 전쟁을 종식시킴으로써 튜더 왕조를 열었다. 따라서 튜더 사관에서는 리처드 3세가 대단히 부정적으로 묘사되었다.

19 셰익스피어는 연속되는 역사적 사실을 다룬 두 개의 4부작을 집필했다. 그중 먼저 집필한 4부작 중 『헨리 6세(Henry VI)』 1, 2, 3부는 15세기에 일어난 장미 전쟁을 그렸고 『리처드 3세(Richard III)』는 장미 전쟁의 마지막 순간을 그렸다.

20 영국의 왕족인 랭커스터 가문과 요크 가문 사이의 왕위 쟁탈 전쟁을 말한다. 장미 전쟁은 30년 동안 계속되었다. 장미 전쟁이라는 이름은 랭커스터 왕가가 붉은 장미를, 요크 가가 흰 장미를 각각 집안의 상징으로 삼은 것에서 유래한 것이다.

21 요크가의 리처드 3세가 1485년 보스워스 전투에서 랭카스터가의 헨리 튜더에게 패함으로써 장미 전쟁은 종식된다. 헨리는 요크가의 엘리자베스 공주와 결혼하여 두 왕가의 오랜 반목을 종식시키고 화합을 꾀했다. 그리고 헨리 7세로 왕위에 올라 튜더 왕조를 열고 왕권을 굳건히 다지기 위해 절대 왕정을 실시했다. 셰익스피어 당대의 군주 엘리자베스 1세는

튜더 왕조의 마지막 군주이다.

22 　　　　　　자애로운 영국 왕께서
　　　과인을 위해 시워드 장군과 일만의 군사를 내주었소.
　　　온 기독교 국가를 다 뒤져도 그처럼 원숙하고
　　　훌륭한 장수는 없을 거요. (4막 3장 189-192행)

　　　　　　gracious England hath
　　Lent us good Siward and ten thousand men;
　　An older and a better soldier none
　　That Christendom gives out.

23 겉모습만 보고 사람을 너무 믿는 실수를 가리킨다. 코더 영주에게 속았
던 던컨은 바로 그다음 순간 역심을 품고 있는 맥베스의 거짓 충성을 굳
게 믿는다.

24 영국으로 도피해 있던 맬컴 왕자는 맥베스 권력에 영합하지 않고 자신
에게 봉사하기 위해 영국으로 온 맥더프를 쉽게 믿지 않고 경계를 늦추
지 않는다. 그래서 그를 떠보기 위해 온갖 시험을 한 뒤 그의 충심을 믿
고 받아들인다.

25 카스피 해 동남쪽에 위치한 페르시아 왕국의 옛 지역.

26 유령을 말한다.

27 세네카(BC 4-AD 65)는 로마의 정치가, 철학자, 극작가이다. 그의 극들은
공개 상연보다 연극 독본을 위한 것이기 때문에 음조는 매우 단조로우
며, 내용이 유혈적이고 초자연적인 존재들이 많이 등장한다. 그의 연극

들은 르네상스 세계에 알려진 고전 비극 중 대표적인 것으로 특히 영국 극작가들에게 많은 영향을 주었다. 그 영향력을 정리하면 다음과 같다.

첫째, 언어가 아주 장황하고 수사적이다.

둘째, 대부분 유혈적이고 폭력적인 복수극이다. 그리고 살인, 근친상간, 유아 살해와 같은 선정적인 내용들이 많이 들어 있다.

셋째, 5막 구성으로 되어 있다. 셰익스피어 극들도 모두 5막으로 구성되어 있다.

넷째, 유령이나 마녀 같은 초자연적 인물들이 등장한다.

28 1607-1608년경에 플루타르코스의 『영웅전』을 원전으로 쓴 비극이다. 이웃 도시 코리올레스에 사는 볼스키 족이 로마를 침공해 왔을 때 그들을 정벌하는 큰 공적을 세워 코리오레이너스라는 명예스런 이름을 얻게 된 로마의 귀족 카이우스 마르티우스의 몰락을 다룬다. 코리오레이너스는 원로원 의원들에 의해 집정관에 추대되었으나 대단히 오만하여 시민들에게 옷을 벗어 전장에서 입은 상처를 보여주어야 한다는 관습을 따르지 않으려 했다. 그로 인해 추방 명령이 내려지자 분노에 사로잡혀 볼스키 족 장수가 되어 로마로 쳐들어 온다. 결국 어머니의 설득으로 로마를 공격하지 않고 협정을 맺고 돌아간 뒤 볼스키 족들에 의해 살해당한다. 셰익스피어는 이 극에서 군주제에서 공화정으로 넘어가는 과도기의 귀족과 민중의 갈등을 잘 보여주는 동시에 코리오레이너스라는 개인의 품성에 대한 탐구를 치밀하게 하고 있다.

29 맥베스가 역심을 품게 만드는 세 마녀를 비롯하여, 이 극에는 그들의 마법, 뱅쿠오의 유령, 단검 환영, 환청 등 초자연적 존재와 현상들이 다른 작품들에 비해 많은 편이다.

맥베스의 반(反)영웅적인 요소

맥베스의 반(反)영웅적인 요소

3막 4장의 이런 대사들은 맥베스와 관련하여 특이한 점을 드러내 보여준다. 맥베스는 용기 있는 사람인 데 비해 공포의 순간에 너무 쉽게 무너지는 것으로 셰익스피어는 그리고 있다. 극이 시작할 때 그는 용기의 화신으로 등장한다. 전쟁터에서 그보다 더 용맹할 수는 없다. 그러나 극이 진행되면서 그는 점점 의심과 공포에 사로잡혀 괴로워한다. 맥베스 부인은 그의 성격의 역설적인 면을 간결하게 "이런, 나리, 장수가 그리 겁을 내시다니요?"(5막 1장 36-37행)라고 언급한다. 필자는 맥베스의 이런 이상한 양상이 이교도 세상에서 기독교적 질서로 넘어가는 불안한 사회 변화에서 발생한다고 주장하고 싶다.

극 초반에 맥베스는 전통적인 영웅적 인물로 묘사되었음

을 잘 상기해야 한다. 셰익스피어의 성숙기 비극 속 주인공 중에서는 맥베스가 가장 사악한 것 같다. 그에게서는 찬양할 점을 찾기가 힘들다. 그런 면에서 우리는 극 초반에 사실 그가 스코틀랜드에서 가장 찬양받는 인물로 등장한다는 사실을 상기해야 한다. 두 번째 장면에서 사람들은 맥베스에 대한 찬양 노래를 부르는데 그들이 찬양하는 바는 바로 장수로서의 그의 용맹함이다.

> 진정 '맹장'이란 말을 들을 만한
>
> 그분은 운명을 경멸하며 방금 적을 처단하여
>
> 핏김이 나는 칼을 높이 쳐들고
>
> 용기의 화신답게 적을 베어 쓰러뜨리며 전진하여
>
> 마침내 그 노예 놈[1]과 맞닥뜨리자
>
> 악수도, 작별 인사도 나누지 않고
>
> 배꼽에서 턱까지 베어
>
> 저희 진영 위에 그놈의 머리를 걸어 놓았습니다.
>
> (1막 2장 16-23행)

> For brave Macbeth(well he deserves that name),
>
> Disdaining Fortune, with his brandish'd steel,

Which smok'd with bloody execution,

(Like Valour's minion) carv'd out his passage

Till he fac'd the slave;

Which nev'r shook hands, nor bade farewell to him,

Till he unseam'd him from the nave to th' chops,

And fix'd his head upon our battlements.

맥베스는 마치 스코틀랜드의 아킬레스처럼 전쟁터의 하찮
은 병사들을 베어서 길을 내어 전진하며 호메로스의 영웅처
럼 처음 극에 등장한다(이 전투 장면 묘사 내내 호메로스식 직유
법을 사용하여 서사시의 느낌을 주고 있다).* 처음 맥베스가 언급
될 때 그는 역모자를 두 동강으로 베고 그런 행위로 인해 칭
송받고 있다.** 나약한 던컨 왕조차도 맥베스의 영웅주의에
좋은 인상을 받아 그를 "용감한 사촌, 훌륭한 귀족"과 "위대한
맥베스"(1막 2장 24행, 67행)라고 부른다. 나중에 등장인물들

---

*   "서사시적 수사법"에 대해서는 Bullough의 책, 426쪽 참조.

**   이 장면의 중요성과 맥베스가 지닌 "이교도의 양심 부족"에 대해서는 Wilbur
Sanders, *The Dramatist and the Received Idea: Studies in the Plays of Marlowe and Shakespeare*(Cam-
bridge: Cambridge University Press, 1968), 297쪽을 참조할 것. 특히 맥베스와 뱅쿠오가
이 전투에서 "또 다른 골고다를 만들려 한다"는 칭찬은 이런 행동에 이상할 정도로
반기독교적 정서와 이교도적 면모를 부여한다.

은 맥베스를 유혈적이고, 잔인하고, 폭력적인 독재자라고 보지만 극 초반에는 똑같은 잔인한 기질에 대해 그것이 스코틀랜드의 적들을 향한 것이기만 하면 찬양한다. 이것이 전사의 문제점이다. 전사에 대한 평가는 폭력의 배경, 즉 그것이 공동체를 위한 것이냐 아니면 공동체에 대적하는 것이냐에 따라 평가가 달라진다.* 1막 2장의 서사시적 언어는 서사시 장르에 전형적인 상황임을 말해 준다. 이 장면은 원래 서사시에 나오는 여러 종류의 갈등과 관계가 있다. 그중 하나는 군사적 인물로서는 다른 위대한 전사들보다 미약하나 합법적인 군주의 문제인 소위 아킬레스-아가멤논의 문제가 될 것이다.**

아킬레스와의 유사점은 극 초반에 맥베스가 직접 전쟁을 치루지 못하는 왕을 위해 봉사하는 위대한 전사라는 전형적

---

*   Harry Berger의 글, "The Early Scenes of Macbeth: Preface to a New Interpretation" 10-11쪽과 특히 14쪽 참조. 그는 "사회의 연대뿐 아니라 구성원들끼리의 싸움에서도 폭력에 의존하는 사회, 그리고 잔인한 행위와 칭송이 서로 자극하고 강화시키는 사회에서 뛰어난 전사들의 성공은 '큰 기쁨'으로 환영하지만 내심 걱정거리이기도 하다"고 주장한다

**   비평가들이 존 스터들리(John Studley)가 1566년에 번역한 세네카의 『아가멤논』의 대사와 비슷한 대사들을 많이 발견하면서 셰익스피어가 『맥베스』를 쓸 때 실제로 아가멤논을 염두에 두고 있었을 수도 있다는 주장들이 제기되었다. Bullough의 책 452쪽의 "세네카의 이 극이 특히 셰익스피어의 상상력을 사로잡았던 것 같다"는 주장 참조. 이렇게 유사한 표현들 중 가장 두드러진 것은 스터들리가 번역한 『아가멤논』 제1장 코러스에서 나오는 "한바탕 소동이 끝나면 또 다른 소동이 시작된다"는 대사이다. (Bullough, 523쪽. 『맥베스』, 1막 1장 3행)

인 영웅의 입지에 있다는 것이다.* 그러나 맥베스가 극이 시작할 때는 스코틀랜드의 아킬레스로 시작했더라도 끝은 그렇지 않았다. 우리는 아킬레스가 아가멤논을 몰래 살해할 음모를 꾸미는 걸 상상할 수가 없다. 설사 아킬레스가 왕을 죽이고 싶었더라도 그는 공공연히 행했을 것이다. 아킬레스는 아주 잔인하지만 호메로스는 『일리아드(*Iliad*)』에서 그가 프라이모스왕에게 연민을 표하는 장면을 넣었다.[2] 『맥베스』의 흐름은 이와는 정반대로 극이 진행되어감에 따라 영웅이 점점 더 잔인해진다. 영웅으로서 아킬레스와 맥베스의 이 차이점은 어떻게 설명해야 하나? 필자는 맥베스의 변화는 기독교의 영향 때문이라는 얼핏 보면 아주 말도 안 되는 것 같은 주장을 하고싶다. 기독교의 온유라는 가르침은 전사의 사나움과 잔인함을 길들이지 그걸 더 타오르게 하지는 않을 것이라고 기대되기 때문에 이런 주장은 적어도 직관에 어긋나는 주장일 것이다. 하지만 실제로 이런 변화가 스코틀랜드에서 벌어지고 있음을 보게 된다. 이미 살펴본 것처럼 바로 그런 변화로 인해던컨이 경솔할 정도로 관용적이 되었을 것이고, 맥베스는 복음화에 대해 경멸을 퍼부었을 것이다.

---

* 서사 문학에서 이 주제에 대해 개괄적으로 잘 다루고 있는 책은 T. H. Jackson, *The Hero and the King: An Epic Theme*(New York: Columbia University Press, 1982)이다.

하지만 필자는 지금 기독교에 의해 순화된 전사의 경우를 탐구하는 것이 아니다. 그보다는 셰익스피어가 『맥베스』에서 다루고 있는 좀 더 특이하고 복잡한 경우를 탐구해 보고 싶은 것이다. 즉 전사가 자신의 전사 기질은 지니면서 새로운 기독교 환경 속에서 그 기질이 조정되고 재구성되도록 놔두었을 때 어떤 일이 발생하는지를 탐구해 보고 싶다. 맥베스는 그야말로 전사로 남아 있고, 이미 앞에서 살펴보았듯이 새 종교의 온유를 경멸한다. 그러면서도 그는 자신의 의지에 반해 은밀히 그것에 영향을 받고 그 종교의 가르침을 은밀히 받아들이고 있다. 맥베스가 영웅적 전사로 남으려고 노력하는 만큼 영웅주의에 대한 기독교의 비난을 피할 수 없게 되고 따라서 그는 진정한 이교도 가치관에 충실히 남아 있을 수가 없다. 기독교는 맥베스의 영웅주의 시각, 특히 이교도적 영웅주의 시각을 바꾸어 놓았다. 맥베스가 죽기 직전에 자살을 거부하는 순간을 생각해 보자. "내가 왜 로마 바보 역을 하며 내 자신의 칼로 죽어야 한단 말인가?"(5막 8장 1-2행). 누가 맥베스에게 로마인들이 바보라고 가르쳤는가? 필자의 대답은 기독교 복음을 전달한 사람들이다. 로마인들이 자살을 하는 것은 명예가 생명보다 더 소중하고 어떤 상황에서는 위대한 사람이라면 불명예 속에 사느니 자살을 하는 것이 낫다는 신념 때문이다.

기독교 사상가들에게 이런 신념은 명예라는 일시적인 세속적 가치를 불멸의 영혼의 가치보다 우위에 둔 이교도의 허영심의 예이다. 맥베스가 분명 신학자처럼 이 문제에 접근한 것은 아니지만 그가 자살을 거부하고 필사적으로 생존에 매달리는 방식은 그의 내면에 이교도적 태도에서 벗어난 뭔가가 있었음을 보여준다.

맥베스가 기독교에서 배운 것은 이교도 가치관의 일시성에 대한 경멸과 영원성에 대한 찬양이다. 그렇다고 맥베스가 예를 들어 던컨처럼 훌륭한 기독교인처럼 행동한다는 말은 아니다. 필자가 지적하고 싶은 것은 오히려 그는 전사의 윤리에 끝까지 충실하지만 그 윤리를 분명히 기독교에 의해 굴절된 방식으로 재해석하고 있다는 것이다. 홀린셰드는 요컨대 이교도 윤리와 기독교 윤리의 긍정적인 통합 가능성, 즉 "잔임함"과 "관용"을 결합하여 양쪽의 나쁜 면을 완화시키는 가능성을 제시했다. 셰익스피어는 기독교식 절대 원리(완전무결함)의 세속화된 버전을 추구하다 독재자로 변한 영웅적 전사인 맥베스를 통해 이교와 기독교의 바람직한 통합의 정반대 경우를 살펴보고 있다.* 맥베스가 지닌 영웅적 이상이 변

---

* 종교 전쟁의 현상, 특히 십자군은 기독교가 단순히 호전적인 기질과 대조를 이루는 것이 아니라 사실은 그것과 결합될 수도 있음을 보여준다. 셰익스피어는 역사

질되었음을 확인하기 위해 그를 아킬레스와 비교해 보는 것은 유용하다. 호메로스가 그린 영웅 아킬레스가 길지만 애매모호한 삶과 짧지만 영광스런 삶 중에서 비극적 선택을 해야 했던 것은 유명한 이야기다. 후자를 선택한 것이 그가 어떤 인물인지를 규정하게 되었고, 많은 이들에게 그의 선택은 모든 비극적 선택의 원형처럼 여겨져 왔다.* 그런데 맥베스의 특징은 그가 아킬레스의 선택과 같은 조건에 매이기를 분명히 거부했다는 것이다. 맥베스는 사실 양쪽 세계의 가장 좋은 점들을 차지하기를 원해서 영광스러우면서도 긴 삶이라는 목표를 집요하게 추구한다. 맥베스는 그 어떤 영광도 영원히 지속되지 않는 한(그의 후손들에게까지) 소용없다는 생각에 이끌린다. 이렇게 맥베스는 이교도 영웅주의에 대한 기독교식 비판을 받아들인다. 기독교 사상가들에게 아킬레스는 기꺼이 자신의 일시성을 희생하여 영예를 차지한 이교도적 허영심의 전형이다. 맥베스는 이런 이교도의 어리석음을 거부한다. 스코틀랜드의 왕이 되는 성공의 정점에서 그는 "이리 된들 아무

극에서, 그중에서도 특히 『헨리 5세』에서 종교가 전쟁의 모티브를 제공하는 이상한 방식을 탐구한다.

* 예를 들어 David Lenson, *Achilles' Choice: Examples of Modern Tragedy*(Princeton: Princeton University Press, 1975). 참조.

것도 아니다. 안전이 보장되지 않는다면"(3막 1장 47-48행)이라고 말한다. 이 대사는 맥베스의 영웅으로서의 독특한 특징을 보여준다. 그는 "전부 아니면 아무것도 아니다"는 태도를 지닌 절대론자인 것이다. 그의 성취는 완벽하게 안전이 보장되지 않으면 쓸모가 없다. 맥베스는 이교도의 가치관인 일시성을 경멸하면서 안전에 대해 관심을 갖게 되는데 이는 고전적 기준으로 볼 때 영웅답지 않아 보인다. 아킬레스가 헥토르를 물리치는 순간 "이리 된들 아무것도 아니다. 안전이 보장되지 않는다면"이라고 말하는 것은 상상할 수가 없다. 아킬레스가 안전을 경시하는 것은 그의 성격의 표상이고 그의 영웅주의의 두드러진 유형이다.* 무엇보다 자신이 성취한 것을 지키고 싶어 하는 부르주아적 관심에서 영웅주의 사상의 변질을 잘 볼 수 있다.** 맥베스의 이 이상한 반(反)영웅적인 요소—안

---

* 맥베스와 아킬레스의 대조적인 면이 아킬레스가 『오딧세이아』에서 지하 세계에 가는 것 때문에 흐려질 수도 있다. 그것이 이교도의 세속성과 기독교의 내세성의 구분을 와해시키는 것처럼 보일 수도 있다. 그러나 호메로스가 『오딧세이아』에서 제시한 지하 세계는 미약한 성격을 지니고 있다. 호메로스의 작품에서 내세가 있다 하더라도 기독교에서처럼 차원 높은 곳이 아니라 이승의 그림자에 불과한 곳이다. 전혀 바람직한 곳이 아닌 『오딧세이아』의 지하 세계는 무존재에 가까워서 아킬레스는 지하 세계를 통치하느니 차라리 지상에서 노예로 살겠노라고 말한다. 아킬레스가 보여주듯이 기독교 영웅과는 달리 이교도 영웅은 내세의 영향을 받지 않는다. 기독교 영웅들은 이승에 살면서도 내세를 갈망하고 이교도 영웅들은 내세에 있으면서도 이승을 갈망한다.

** Mary McCarthy, "General Macbeth", in Sylvan Barnet, ed., *Macbeth*(New York: New

전에 대한 걱정—은 새로운 기독교 환경과 어느 정도 관계가 있다.

American Library, 1969), 229쪽과 비교해 볼 것. "아주 상투적인 말투를 지니고 스코틀랜드 잔디밭에서 골프나 치는 평범한 사람인 맥베스는 셰익스피어 주인공 중 유일하게 부르주아 유형에 해당하는 사람이라고 추측할 수 있다. 살인마 배빗(Babbit: 싱클레어 루이스의 동명의 풍자 소설에 등장하는 주인공으로 교양 없고 속물적인 부르주아의 대명사이다—옮긴이)이라고나 할까." 원래 『하퍼(*Harper's Magazine*)』지 (1962년 6월)에 잘못된 제목("General Macbeth")을 달고 수록되었던 이 논문은 비록 맥카시가 맥베스와 드와이트 아이젠하워(Dwight Eisenhower)를 혼동하여 이 극의 영웅적 차원을 놓치긴 했지만 분명히 『맥베스』를 재미있게 통찰하고 있다.

1   역모를 일으킨 맥도널드(Macdonwald)를 가리킨다.

2   프라이모스는 트로이 전쟁에서 파멸당하는 트로이의 왕이다. 트로이 전쟁은 그의 아들 파리스가 헤라·아테나·아프로디테 3명의 여신 가운데 누가 가장 아름다운가를 결정할 사람으로 선택되면서 비극이 시작된다. 파리스는 이 세상에 가장 아름다운 여인을 얻도록 도와주겠다는 아프로디테의 제의를 받아들여 아프로디테를 가장 아름다운 여신으로 선정했다. 그리하여 그가 스파르타 왕 메넬라오스의 아내 헬레네를 가로채어 트로이 전쟁의 원인이 되었다. 이때 그리스 군의 최고 명장이었던 아킬레스는 프라이모스 왕의 맏아들 헥토르를 죽이고 자신은 유일한 약점인 발뒤꿈치에 파리스가 쏜 화살을 맞고 죽는다. 아킬레스에 의해 살해당한 뒤 헥토르의 시신을 찾으러 온 프라이모스 왕은 아킬레스에게 자비를 구한다. 아킬레스는 그런 프라이모스 왕에게 헥토르를 내주며 연민의 감정을 느낀다.

맥베스 사고의 기독교화

맥베스 사고의 기독교화

우리는 맥베스가 던컨의 살인에 대해 명상하는 유명한 독백 시작 부분에서 왜곡된 기독교 맥락이 맥베스 사고에 미치고 있는 영향을 볼 수 있다.

해치워 버리면 모든 게 끝나는 일이라면
서둘러 해치우는 것이 좋겠지. 왕의 암살로
그 결과를 다 거두어들이고
그의 서거로 성공을 낚을 수만 있다면,
이 한 방이 전부이고 이승에서,
이 시간의 둑과 여울목에서 모든 걸 끝내준다면
내세의 삶은 신경 쓰지 않겠다.(1막 7장 1-7행)

If it were done, when 'tis done, then 'twere well

It were done quickly. If th' assassination

Could trammel up the consequence, and catch

With his surcease, success; that but this blow

Might be the be-all and the end-all --here,

But here, upon this bank and shoal of time,

We'd jump the life to come.

    맥베스가 "내세"에 대해 생각한다는 사실만 봐도 그가 이교도 영웅에서 달라졌음을 알 수 있다. 햄릿이 클로디어스 살해를 고민하는 중요한 장면에서처럼 셰익스피어는 내세관을 포함해서 기독교 세력이 확장되면서 영웅적 행위의 조건들을 어떻게 바꾸어 놓았는지를 보여준다.* 어떤 이들은 이 대목에서 맥베스가 주장하는 것은 그의 고민에서 내세에 대한 생각을 배제하기 위해 "내세의 삶을 신경 쓰지 않고 싶어 하는" 것이라고 즉시 반박할지도 모른다. 뒤에 나오는 죽은 자가 다시 살아나는 것에 대한 불평에서처럼 맥베스는 현세에서 벌어지는 것들만 걱정할 수 있게 자신의 인식의 범주가 다시 이교

---

*   필자의 책, *Hamlet*, 43-45쪽 참조.

도 차원으로 좁아지길 바라는 것 같다. 하지만 맥베스가 내세에 대한 생각을 배제하고 싶어 한다는 사실 자체가 기독교가 그의 사고방식에 영향을 미치고 있음을 보여준다. 실제로 이 독백에서 맥베스 사고가 반기독교적이긴 하더라도 그의 사고 과정에서 기독교의 영향이 엿보인다. 아무 생각 없이 행동으로 돌입하는 대신 맥베스는 마치 성직자처럼 동기와 결과에 대해 정밀하게 분석하려고 한다. 이 대사의 비비 꼬인 구문은 내면 깊숙이 들여다보는 그의 정신세계를 보여준다. 만약 맥베스가 아킬레스라면 그는 양심을 지닌 아킬레스이다. 뒤에 던컨 살해에 대한 고뇌에 찬 반응[1]에서 훨씬 더 명백해지는 것처럼 맥베스는 비록 늘 도덕적으로 행동하지는 않지만 적어도 인간 행동의 도덕적 차원을 인식하게 되었다. 그래서 그가 우리에게 순전한 이교도 영웅이 아니라 좀 더 복잡한 인물이라는 강한 인상을 주는 것이다. 기독교에 노출됨으로써 그의 영혼에서는 분열이 일어났고, 그래서 그는 흔들림 없이 행동할 수 없고 주저 없이 자기 행동의 결과를 대면하지 못하는 것이다. 극 초반에 나온 전쟁터에서의 맥베스에 대한 묘사를 보고 우리는 아무 생각 없는 전쟁 기계를 보게 될 것이라고 기대하게 된다. 그러나 그 대신 1막의 맥베스 독백을 통해 셰익스피어는 상충하는 충동들로 분열되고 이제 막 생기기 시작한 양심과 싸우는 아주 풍부한 심리적 내면을 지닌 인물을 보여준다. 기독교가 이교도 영웅에게 미친 영향에 대해 다른 사람들은 어떻게 말할지 모르지만 적어도 기독교로 인해 그에게는 심리적 깊이가 생겼다. 그로 인해 맥베스를 더욱 비극적 인물로 만들어 준다. 단순한 이교도 맥베스라면 아무런 양심의 가책 없이 왕을 죽였을 것이고, 철저히 기독교적인 맥베스였다면 던컨 왕을 아예 죽이지 않았을 것이다. 양심의 가책을 지닌 살인자라는 맥베스 특유의 비극적 상황을 만들어내는 것은 바로 맥베스 내면에 이교도 사상과 기독교가 결합되어 있기 때문이다.

뿐만 아니라 "일단 저지르면"으로 시작되는 맥베스의 독백을 분석해 보면 기독교로 인해 그에게 새로운 욕망이 싹텄음을 알 수 있고, 실제로 그의 야망이 아주 미묘하지만 분명 변질되었음을 알 수 있다. 맥베스가 "내세"를 거부하는 것처럼 보이지만, 실제 맥베스가 바라는 것은 기독교가 신도들에게 내세에서 누리리라고 약속하는 삶, 즉 완벽하고 무한한 만족을 주는 삶을 이승에서 얻고 싶어 하는 것이다. 이 대사에서 처음 드러나는 것처럼 맥베스는 필자가 "절대 행동(the Absolute Act)"이라고 부르고, 맥베스가 "가장 중요한 것(the be-all and the end-all)"이라고 부르는 행동, 즉 그가 바라는 모든 것을 안전하게 영원히 가져다 줄 행위를 촉구하게 되는 것이다.*
1막 7장의 이 대목에서 맥베스를 주저하게 만드는 것은 인간
의 그 어떤 행동도 그것으로 끝나지 않고, 모든 행위에는 결과
가 뒤따르는 법이라 나쁜 짓을 하면 그것이 가해자에게 되돌
아온다는 생각이다. 맥베스가 자신의 경고에 주의를 기울였
다면 옳게 행동했을 것이다. 왜냐하면 이 경고는 맥베스의 범
죄 행위 과정을 예언적으로 규명한 것으로 밝혀지기 때문이
다. 하지만 그는 자신에게 완전무결한 행복을 가져다 줄 절대
행동의 어른거림에 눈을 감아버리지 못했다.

그래서 맥베스는 그가 바라는 모든 것을 단칼에 얻으리라
기대하며 던컨을 죽였지만, 일단 권력을 차지하자 독재자로
서 불안감이라는 새로운 감정에 사로잡힘으로써 그의 소망은
좌절되고 만다. 그런데 맥베스의 특징은 절대 행동의 추구가
공허하다는 것을 재고하지 않고 절대 행동을 바꾼다는 데 있

---

* 『맥베스』에서 이런 양상에 대해 논의한 글 중 가장 좋은 것은 Gordon Braden, "Senecan Tragedy and the Renaissance", *Illinois Classical Studies*, 9(1984), 287–288쪽이다. Terence Eagleton, *Shakespeare and Society: Critical Studies in Shakespearean Drama*(New York: Shocken, 1967), 130–132쪽도 참조. 셰익스피어 논의에서 Absolute라는 용어를 쓰는 것이 마치 그를 엘리자베스 시대의 헤겔이라도 되는 양 시대착오적으로 들릴지도 모른다. 그러나 실제로 셰익스피어는 이 absolute란 단어를 『맥베스』에서 독일 관념론이 취한 의미로 세 번 사용한다(1막 4장 14행, 3막 4장 40행). 사실 필자가 『맥베스』에 대해 지금 주장하고 있는 내용들 중 상당 부분이 극에서 "절대 믿음"(1막 4장 14행)이라고 언급하는 것과 "절대 공포"(4막 3장 39행)라고 언급하는 것으로의 움직임에 관한 것이다.

다. 던컨에 집중하는 대신 이제 맥베스의 생각은 뱅쿠오에 매달린다. 그리고 자기가 완벽한 행복에 이르는 데 유일한 장애물은 라이벌 장수인 뱅쿠오뿐이라고 생각한다. "내가 두려워하는 것은 그뿐이다."(3막 1장 53-54행) 왕위 계승에 대한 그의 집착에서 맥베스가 기독교에서 받아들인 영원성에 관심을 갖고 있음을 알 수 있다. 그를 정말 괴롭히는 것은 세 마녀가 뱅쿠오에게 "왕이 되는 후손들"(3막 1장 59행)을 보리라고 예언한 것이었다. 맥베스는 미래가 보장되지 않은 채 자신만 왕이 되는 야망의 성취에는 만족할 수가 없다.

> 그들은 내 머리 위에 쓸데없는 왕관을 씌어 놓고
>
> 내 손에는 허망한 왕홀을 쥐어 준 것이다.
>
> 그러고 나서는 내 자손이 아닌 손으로 그것을 비틀어 뺏어
>
> 내 아들에게 물려주지 못하게 하다니. 만약 그렇다면
>
> 뱅쿠오의 자손을 위해 나는 내 마음을 더럽힌 꼴이지 않은가.
>
> 그들을 위해 저 자애로운 던컨 왕을 살해하고
>
> 오로지 그들을 위해 평화의 술잔에 적의의 독주를 부었다는 말인가.
>
> 그들을 왕으로 만들기 위해, 인류의 공공의 적에게
>
> 내 영원한 보석인 영혼을 팔았단 말인가.
>
> 뱅쿠오의 자손들을 왕으로 만들기 위해,

Upon my head they plac'd a fruitless crown,

And put a barren sceptre in my gripe,

Thence to be wrench'd with an unlineal hand,

No son of mine succeeding. If 't be so,

For Banquo's issue have I fil'd my mind,

For them the gracious Duncan have I murder'd,

Put rancors in the vessel of my peace

Only for them, and mine eternal jewel

Given to the common enemy of man,

To make them kings-- the seed of Banquo kings!

또 다른 살인을 계획하는 아주 반기독교적인 행동을 생각
하면서 맥베스는 기독교식으로 사고한다. 그는 자신의 자손
이 아닌 뱅쿠오의 자손을 위해 자기의 "영원한 보석"을 악마
에게 팔았다는 생각에 괴로워한다. 기독교를 그렇게 경멸하
면서도 이 영웅적 전사는 결정적인 면에서 기독교도 같이 생
각하지 않을 수가 없다. 그가 일단 영혼의 불멸성에 대해 들은
뒤로는 아킬레스 같은 이교도 영웅들과는 다르게 행복의 문

제를 생각하지 않을 수 없다. 그는 한정된 지평을 가진 세계에서 사는 이교도에게는 상상도 되지 않는 완전무결함을 바라게 된다. 던컨을 죽이고도 자신의 욕망을 만족시키지 못한 맥베스는 여전히 완벽을 손에 쥘 수 있다고 생각한다. 이제 그는 뱅쿠오를 아들과 함께 죽이기만 하면 된다. 그러면 그가 바라는 모든 것을 마침내 얻을 수 있을 것이다. 셰익스피어는 두번째 절대 행동이 어긋날 때까지 맥베스의 소망을 다 드러내지 않는다. 암살자들이 뱅쿠오는 죽였지만 플리언스는 도망갔다고 보고할 때 맥베스는 절망하며 이렇게 말한다.

> 그렇다면 나의 두려움이 또다시 엄습해 오는구나.
> 그렇지 않았다면 바위처럼 기반이 단단하고
> 나를 둘러싸고 있는 이 공기처럼 안전하고 자유로웠을 텐데.
> 이제 나는 고통스러운 의심과 두려움에 얽매어
> 갇혀 지내게 되었구나. (3막 4장 20-24행)

> Then comes my fit again, I had else been perfect,
> Whole as the marble, founded as the rock,
> As broad and general as the casing air;
> But now I am cabin'd, cribb'd, confin'd, bound in

To saucy doubts and fears.

이 대사는 필자가 말한 맥베스의 태도를 가장 잘 보여준다.* 그는 계속 기독교의 구원과 유사한 상태인 완전무결함을 추구하고 그것을 얻지 못했을 때는 아무것도 얻지 못했고 느끼는데 이것은 기독교의 저주와 비슷한 상태이다. 맥베스가 너무 높은 열망을 지니고 있어서 절망도 큰 것이다. 그는 무한한 것을 바라지만("나를 둘러싼 공기처럼 드넓은") 인간의 모든 행위는 유한하고,** 플리언스의 예처럼 항상 뭔가가 해

---

* 3막 1장 103-107행도 볼 것.

> 그렇다면 자네들에게 이 임무를 제안하겠네.
> 그자를 죽이는 것은 자네들의 적을 없애는 일일뿐만 아니라
> 짐의 신임과 사랑을 얻게 될 터. .
> 왜냐하면 그자가 살아있으면 짐은 병들고
> 그자가 죽어야만 모든 게 완벽해지니.(옮긴이 삽입)

맥베스의 대사는 재미있게도 "오 하나님, 호두껍질 안에 들었어도 스스로 광대한 우주의 왕이라 생각할 수 있었을 것이오. 악몽만 꾸지 않는다면"(『햄릿』 2막 2장 254-256행)이라는 대사와 유사하다. 햄릿과 맥베스가 다르지만 그들은 필자가 논하고 있는 "전부 아니면 아무것도 아닌" 태도를 똑같이 지니고 있다. 필자의 책 *Hamlet*, 50-52쪽을 참조할 것. 햄릿과 맥베스의 유사점에 대한 재미있는 논의로는 Harold C. Goddard, *The Meaning of Shakespeare*(Chicago: University of Chicago Press, 1951), 제2권 110-111쪽 참조.

** 맥베스의 딜레마를 셰익스피어의 트로일러스가 아주 다른 문맥에서 토론한다. "이것이 사랑의 괴로움이죠. 마음은 무한한데 실행을 하지 못하고, 욕망은 무한한데 행동은 제약의 노예가 되어야 한다는 것이."(『트로일러스와 크레시다』, 3막 2장 81-83)

결되지 않고 남아서 또 다른 결과를 촉발한다는 것을 깨닫는다. 맥베스의 바람과는 달리 그 어떤 행동도 모든 결과를 "다 거두어들여" 미래에 또 다른 행동을 해야 할 필요성이 없게 해주지 못한다. 따라서 영원한 만족을 바라는 맥베스의 욕망은 영원한 불만족만 낳는다. 맥베스 부인이 고통스럽게 맥베스의 상황을 "우리의 욕망이 이루어졌으나 만족을 얻지 못하니, 모든 것을 바쳤으나 얻은 것은 아무것도 없구나"(3막 2장 4-5)라고 정리하는데 정확하게 남편의 문제가 "의심스러운 기쁨"(3막 2장 7)을 지니고는 살 수 없는 것임을 진단한 것이다. 그러나 절대 행동에 대한 그의 추구가 실패했다는 증거가 점점 쌓여 가는데도 맥베스는 자기를 점점 더 저주로만 이끄는 행동들에 빠져든다. 그는 분명 "전부 아니면 아무것도 아닌"이란 사고방식에서 벗어나지 못하는 것 같다. 심지어 목숨이 끝날 때쯤 그의 주변 세상이 다 무너져 내리고 있을 때조차도 그는 "이번 전투는 내 힘을 북돋아 주거나 나를 권좌에서 밀어낼 것이다"(5막 3장 20-21행)라고 말하며 여전히 행복을 유지하길 바라고 완벽을 얻기 위한 마지막 도박에 기꺼이 모든 것을 건다.

이런 분석은 맥베스가 아내의 죽음 소식을 듣고 하는 아마도 가장 유명한 대사라고 할 수 있는 다음 대사에 실마리를 던져 준다.

내일도, 그다음 날도, 또 그다음 날도

하루하루 기록된 시간의 마지막 순간까지

더딘 발걸음으로 기어가는 거지.

우리의 어제는 바보들에게 우리 모두가 죽어

먼지로 돌아감을 보여주지. 꺼져라, 꺼져라, 단명하는 촛불이여.

인생이란 걸어 다니는 그림자일 뿐.

잠시 동안 무대 위에서 거들먹거리고 돌아다니거나

종종거리고 돌아다니지만 얼마 안 가서 잊히는

처량한 배우일 뿐. 떠들썩하고 분노가 대단하지만

아무 의미도 없는 바보 천치들이 지껄이는 이야기.

(5막 5장 19-28행)

To-morrow, and to-morrow, and to-morrow,

Creeps in this petty pace from day to day,

To the last syllable of recorded time;

And all our yesterdays have lighted fools

The way to dusty death. Out, out, brief candle!

Life's but a walking shadow, a poor player

That struts and frets his hour upon the stage,

And then is heard no more. It is a tale

Told by an idiot, full of sound and fury,

Signifying nothing.

이 대사가 지닌 심한 염세주의에 놀란 일부 비평가들은 이런 태도가 셰익스피어 자신의 태도 때문인지를 의심했다. 그러나 이제 셰익스피어가 맥베스의 염세주의를 특수한 배경에 위치시키고 있음을 알 수 있다. 맥베스의 "전부 아니면 아무것도 아닌" 태도를 볼 때 절대 행동에 대한 그의 추구가 실패했을 때 염세주의의 심연을 들여다보는 것은 놀랄 일이 아니다. 이 대사가 분명 기독교적 정서의 표현은 아니지만 다시 한 번 맥베스가 기독교에 반대하면서도 얼마나 그것의 영향을 받았는지를 알 수 있다. 그가 "기록된 시간의 마지막 순간"이라고 말할 때 그는 분명 더 이상 이교도식으로 사고하지 않고 오히려 기독교의 묵시록적 사고에 사로잡혀 있다.* 사실 시

---

*　『맥베스』에서 묵시록적 사고의 또 다른 예는 2막 3장 78-79행("그대들의 무덤에서 일어나 귀신처럼 걸어 나와 이 끔찍한 장면을 보시오."—옮긴이)과 4막 1장 117행("뭐냐, 이 왕족이 최후의 심판의 나팔 소리가 울릴 때까지 이어진단 말이냐?"—옮긴이)을 볼 것. 『맥베스』의 묵시록적 사고방식의 중요성에 대해서는 States의 글을 참조할 것. 특히 맥베스의 성격을 "묵시록적 성격: 종국성, 완전성, 시간의 속박에 얽매인 인간"(58쪽)으로 본 부분 참조. Howard B. White의 글, "Macbeth and the Tyrannical Man", 54쪽도 참조.

간에 대한 인식 자체에서 이 대사는 맥베스가 영원성이란 기준에서 이승을 평가절하하게 되었기 때문에 이교도 시각에서 기독교적 시각으로 변했음을 나타낸다.* 5막 5장에서 맥베스가 하는 말들의 특징은 그가 "미래"와 "과거"에 대해 말하지만 "현재"에 대해서는 생각하지 않는다는 것이다.** 말하자면 맥베스는 현재에서 쾌락을 얻고, 그 경계 너머에 있는 영원은 보지 않고 현세에서 즐겁게 사는 이교도적 태도를 상실한 것이다. 이 대사는 맥베스의 행복을 파괴한 모든 것을 종합적으로 말하고 있다. 미래가 그의 삶에 그림자를 던져 과거는 뒤에 내버려두고["일단 저질러진 일은 끝난 것이다."(3막 2장 12행)] 그 과정 속에서 현재를 망치게 만들었다.*** 맥베스의 영웅주의 기질에서 가장 크게 바뀐 것은 그의 세계에 마녀들이 침범함으로써 그가 미래에 대해 새로운 시각을 갖게 되었다

---

* 이런 과정을 비슷하게 잘 설명해 주는 글로는 "Gnosticism, Existentialism, and Nihilism", in Hane Jonas, *The Gnostic Religion*(Boston: Beacon Press, 1963), 320-340쪽 참조

** "플롯의 전제조건에서부터 미래 주도적인 극에서 특히 맥베스는 현재를 살지 못하는 사람이다." Francis Berry, *Poet's Grammar: Person, Time and Mood in Poetry*(London: Routledge and Kegan Paul, 1958), 53쪽 참조. 그는 "Macbeth: Tense and Mood"라는 짧은 에세이에서 맥베스의 독특한 시간 감각이 어떻게 극의 문법에 투영되어 있는지를 통찰력 있게 잘 분석하고 있다. Sanders, *The Dramatist and the Received Idea*, 270쪽과 279쪽도 참조.

*** 맥베스 비극의 이런 양상과 비슷한 사건을 문지기가 "풍년이 들까봐 목매달아 죽은 농부"에 대한 이야기에서 희극적으로 언급하고 있다.

는 것이다. 마녀들은 어떤 면에서 인간의 삶에 미치는 초자연적 존재들의 영향을 상징하고 자연의 전복을 상징한다. 극 초반에 맥베스에 대해 말할 때 그가 "운명을 경멸한다"던 말을 상기해 보자(1막 1장 17행). 다른 훌륭한 이교도 전사처럼 처음에 맥베스도 미래에 집착하지 않고 현재의 영광을 위해 싸웠고 결과적으로 자신의 안위를 지킬 수 있었다. 그런데 이승에서 벌어지는 일들에 작용하는 하늘의 뜻 같은 것이 있을 수도 있다는 것을 맥베스에게 제시함으로써 마녀들은 자기 자신과 자신의 노력에 대한 맥베스의 믿음을 흔들리게 하고 그의 욕망을 일깨워 이 세상에 작용하는 그 어떤 힘, 말하자면 미래의 흐름 같은 것과 동맹하게 만든다. 맥베스 부인도 바로 이런 태도를 취한다.

> 당신의 편지는 저를
> 아무것도 모르던 현실에서 벗어나
> 당장 미래를 느끼게 합니다. (1막 5장 56-58행)

> Thy letters have transported me beyond
> This ignorant present, and I feel now
> The future in the instant.

시간에 대한 맥베스의 인지의 변화에서 중요한 것은 사람이 현재 너머에 있는 완벽한 미래를 확실히 볼 수 있다고 생각하면 현재는 경멸의 대상이 된다는 것이다. 가차 없이 미래에 이끌린 맥베스는 결국 현재는 모두 의미가 없다고 보는데, 가장 기본적 의미에서 인생은 현재만 살 수 있는 것이기 때문에 이는 결국 맥베스에게는 인생 자체의 의미가 다 상실됐음을 의미한다.* "단명하는 촛불"과 단순히 "주어진 시간 동안 무대 위에서 거들먹거리고 돌아다니거나 종종거리고 돌아다니지만 얼마 안 가서 잊히는" "처량한 배우"에 대한 그의 경멸은 그가 기독교를 통해 지니게 된 일시적인 것에 대한 경멸을 마지막으로 보여주는 대사이다. 궁극적으로 셰익스피어는 맥베스의 염세주의가 종교적 믿음의 이면임을 보여준다. 즉 완전무결한 기준대로 살지 못하면 이 세상이 그에게는 아무 가치도 없는 것이다.

---

* 이와 비슷한 분석으로는 Arthur Kirsch, *The Passions of Shakespeare's Tragic Heroes*(Charlottesville: University Press of Virginia, 1990), 95쪽 참조.

1   맥베스는 던컨 왕을 시해한 뒤 허공에서 '잠을 죽였다'는 환청을 듣는가
     하면 시종들의 손에 쥐어 놓았어야 할 칼을 들고 넋이 빠져 던컨의 침실
     에서 나온다. 맥베스 부인이 칼을 도로 갖다 놓고 시종들을 피칠하고 오
     라고 시키자 자신이 저지른 짓을 다시 볼 수 없다며 거부한다. 그런가 하
     면 문 두드리는 소리에 깜짝깜짝 놀라고 그 소리를 듣고 던컨이 다시 깨
     어났으면 하고 바라기도 한다. 자신이 한 짓을 되돌리고 싶어 하는 것이
     다. 다음 대사에서는 영원히 자신의 양심에서 죄를 씻을 수 없음을 인지
     하고 있음을 알 수 있다.

         이 손 좀 봐. 이 모습에 눈이 튀어나올 것만 같구나.
         넵튠 신이 다스리는 온 대양의 물이 내 손에 묻은
         이 피를 씻어 주려나? 아니 이 내 손이 오히려
         광대한 바닷물을 진홍빛으로 물들일 것이다.
         그 푸른 물을 붉게 말이다. (2막 2장 59-63행)

         What hands are here? ha! they pluck out mine eyes.
         Will all great Neptune's ocean wash this blood
         Clean from my hand? No, this my hand will rather
         The multitudinous seas in incarnadine,
         Making the green one red.

기독교 영향의 역설적 효과

기독교 영향의 역설적 효과

　　맥베스가 어떻게 종교적 믿음의 악마적 변용에 지배당하게 됐는지를 좀 더 잘 이해하기 위해서는 이 극에서 세 마녀의 역할을 아주 자세하게 분석해야만 한다. 물론 그들이 마녀이기에 표면적으로는『맥베스』세계에서 반기독교적 세력을 나타내는 것 같다. "어둠의 도구"인 마녀들은 정통 종교의 적으로 봐야 하지만 그들이 실제 맥베스에게 가르치는 원칙들은 어떤 면에서 기독교 교리와 구별하기 힘들다. 마녀들이 맥베스에게 가르치는 것은 결국 섭리에 대한 가르침이다. 그들이 나타내는 하늘의 뜻은 악마적이어서 맥베스를 파멸로 이끌기는 하지만 그들의 예언은 맥베스에게 지상의 일들은 더 높은 차원을 지닌 세력의 지배를 받는다는 일종의 종교적 가르침 같은 것을 깨닫게 한다. 맥베스의 경우 그 예언이 실제 이루어지면서 기독교 사상에서처럼 이 세상은 그리스 로마 시대의 전형적인 사고인 일반적 섭리가 아니라 특별한 섭리의 지배를 받는다는 것을 그에게 알려준다.

헨리 퓨젤리(Henry Fuseli), 〈세 마녀〉, 1783년 경, 스트랫퍼드어폰에이번, 왕립 셰익스피어 극단

이미 살펴보았듯이 극 초반에 맥베스는 전쟁터에서 이기느냐 지느냐 대체로 자신이 용감하게 싸우느냐 아니냐에 달려있다는 식의 호메로스의 영웅들과 같은 믿음을 지니고 있었다. 그러나 세 마녀는 그의 행동의 결과는 그의 손에 달려있다는 맥베스의 신념을 무너뜨리고 대신 그에게 초자연적 도움에 의존할 것을 가르친다. 극이 전개되면서 맥베스는 점점 영웅들이 통상 당연한 일로 받아들이는 위험을 감수하기

를 주저하고, 대신 자기 운명은 미리 정해져 있으므로 자기가 성공한다는 확신을 마녀들로부터 보장받으려 한다.[1] 맥베스가 영웅들의 자기 의존 방식에서 하늘의 뜻을 믿는 것으로 변했기 때문에 일반적인 도덕적 기준에서 볼 때 좀 더 착하게 행동하리라고 기대하게 될 것이다. 그러나 『맥베스』의 역설적 세계에서는 하늘의 뜻에 대한 새로운 믿음이 실제로 그가 좀 더 잔인하게 행동하게 만든다. 맥베스가 전투의 결과는 주로 전투자의 행동에 좌지우지된다고 믿는 동안에는 극 초반에 사람들로부터 칭송을 받는 것을 통해서도 알 수 있듯이 그는 위대하게 행동했다. 그러나 맥베스가 일단 자신이 신비한 세력과 손을 잡게 되었음을 알게 된 뒤로는 정직하게 공개적인 대결을 하는 대신 선의의 가면을 쓰고 사악한 의도를 숨기며, 대리인들을 통해 작업을 하고, 상대자가 전혀 예상하지 못할 때 공격하는 등 비밀리에 행동하기 시작한다. 더욱이 맥베스가 자신이 운명적으로 승리하게 되어 있다고 믿게 되자 그는 자제력을 완전히 잃고 여자와 아이까지 죽이는 등 목적 달성을 위해 그 어떤 짓도 기꺼이 저지른다. 어떤 면에서 맥베스가 하늘의 뜻이 자기편이라고 너무 확신하여 자신의 개인적 대의명분을 보편적인 것이라 생각할 때 우리는 맥베스에게서 일종의 광신(맹목적 믿음)이 형성되는 것을 보게 된다.

그렇게 맥베스에게 새로운 권력을 제공하는 척하는 마녀들은 실제로는 역설적인 대사로 맥베스가 원래 지니고 있던 권력도 다 앗아가 버리고 자신들이 목적한 존재로 만든다. 맥베스는 하늘의 뜻이 자기편이라고 생각하지만 사실 그는 하늘의 뜻, 혹은 적어도 마녀들이 상징하는 그 어떤 힘을 섬기다 파멸한다. 맥베스가 자유를 상실했다는 것은 극 전개에서 그의 행동의 특징이었던 자신이 할 행동에 대해 숙고하는 시간이 줄어든 데에 잘 반영되어 있다. 앞서 살펴보았듯이 극 초반에는 맥베스의 양심이 상당히 깊고 폭넓게 그려지고 있다. 일단 전쟁터를 벗어나면 맥베스는 이교도 영웅과는 다르게 행동하기 시작한다. 그는 던컨을 죽이려는 결정을 놓고 고뇌하면서 그런 행동을 저지하는 온갖 도덕적 상념을 쏟아낸다. 존경심을 갖고 던컨의 온유와 연민에 대해 논하는 대사(1막 7장 16-25행)[2]에서 맥베스는 기독교 원리들을 신봉하는 수준에 이른다. 던컨을 죽인 뒤에도 맥베스는 그 행동에 만족하며 안심하지 못하거나 그 행동을 머릿속에서 지우지 못한다. 그러한 경우를 보고 회개라고 말하는 것은 정확하지 않을지도 모르지만 그는 분명히 자신이 저지른 짓 때문에 괴로워하고 다시는 편히 잠들 수 없을 거라고 확신한다(2막 2장 38-40행).[3] 그의 양심이 그에게 농간을 부려 환영을 보고, 환청을 듣게 하는 것도 그가 더 이상 순수한 이교도 영웅이 아님을 보여준다. 그가 예전의 용사처럼 행동하는 걸 보고 싶은 맥베스 부인은 "이상한 것들을 생각하는 데 고귀한 정력을 쏟으시는군요"(2 막 2장 42-43행)라고 말하며 그의 그런 행동을 질책한다.

그러나 맥베스에게 열렸던 새로운 내면의 세계가 여러 사건들에 짓눌려 다시 닫히고 만다. 분명 뱅쿠오 암살을 기대했던 순간까지는 그랬다. 셰익스피어는 이 행동을 실행하기 전 맥베스에게 다시 긴 독백을 부여하는데, 그 독백에서 맥베스는 자기가 왜 그런 행동을 해야 하는지에 대해 숙고한다. 일단 뱅쿠오가 암살되자 맥베스의 마음의 평화는 무너져서 심지어 연회장에 출몰하는 유령까지 만들어 낸다. 맥베스 부인은 그런 맥베스에게 "뭐예요? 이리도 어리석게 사내답지 못하시고"(3막 4장 72행)라고 말하며 모욕을 주어 그의 영웅적 태도를 회복시키려 한다. 하지만 셰익스피어는 맥베스의 두 번째 살인에 살짝 변화를 주는데 그것이 그의 태도가 어떻게 변하였는지를 보여준다. 뱅쿠오 살해에 대해 숙고할 때 이번에는 도덕적 고려를 하기보다는 신중함을 기하는 것이다. 더욱이 이 독백이 끝날 때쯤 암살자들을 불러들이는데 이미 전날 밤 얘기를 나눈 문제들을 재점검할 것임을 암시한다. 따라서 이 독백 전에 이미 맥베스는 뱅쿠오를 죽이기로 결심했음이 분명하다.[4] 던컨 살해의 경우와 달리 이번 맥베스의 독백은 단순히 이미 결정한 일에 대한 확인일 뿐이다. 뱅쿠오를 죽이는 데 암살자를 고용하기로 한 결심을 보면 그가 이 행위에서 한 발 떨어져, 아마도 던컨 암살 때 느꼈던 양심의 가책을 피하고자 했음을 알 수 있다(그런 그의 의도가 성공하지는 못했지만). 맥베스는 이미 자신의 영혼에 내면의 세계가 열리면서 동조했던 도덕적 양심에 반하는 행동을 하고 있는 것 같다. 연회 장면에서 볼 수 있듯이 맥베스는 자기가 좀 더 단순해서 양심의 가책을 느끼지 않던 이전으로 돌아갈 수 있기를 바란다. 3막 7장 끝부분에서 맥베스는 이렇게 선언한다.

> 머릿속에 떠오르는 괴이한 일들을 즉각 손으로 넘겨
>
> 그것들을 살펴볼 겨를도 없이 실행해야 하오.
>
> (3막 4장 138-39행)

> Strange things I have in head, that will to hand,
>
> Which must be acted ere they may be scann'd.

여기서 우리는 맥베스가 의도적으로 자기의 양심에 반하는 행동을 하는 걸 볼 수 있다. 이 순간까지 맥베스는 행동하기 전에 자신이 하려는 행동에 대해 이상할 정도로 숙고하는 특징을 보인다. 이제 그는 이런 양상을 뒤집어 먼저 행동하고 나중에 생각하고자 한다. 분명 그의 영혼에서 새로운 내면의 원칙들이 그를 괴롭혀서 그는 지금 그 짐으로부터 도망치고 싶어 한다. 그러나 맥베스가 이 도피를 위해 치러야 하는 대가는 그의 자유이다. 어떤 결심을 하기 전에 하곤 했던 고통스러운 숙고의 과정과 반대로 행동하게 되면서 그는 아무 생각 없이 기계적으로 행동하기 시작했는데 이때부터 그는 전보다 더 잔인하게 행동한다. 이때까지는 그가 자기 행동에 대해 오래 숙고했다는 사실 그 자체가 그가 행동을 하거나 하지 않을 자유를 지니고 있었음을 말해준다. 그러나 이 순간부터 그는 스스로 계획하기보다는 벌어질 사건들에 자동적으로 반응하는 양상에 이끌리면서 점차 행동의 자유를 포기한다.

맥더프가 영국으로 도망갔다는 소식에 흔들릴 때 맥베스는 앞으로는 선수를 치겠다고 생각한다.

> 시간이여, 네가 내 무서운 계략을 알아차렸구나.
>
> 순간적 계획에 행동이 뒤따르지 않으면
>
> 이루어지지 않는 법. (4막 1장 144-46행)

Time, thou anticipat'st my dread exploits:

The flighty purpose never is o'ertook

Unless the deed go with it.

이런 태도는 세 마녀들이 맥베스에게 인생의 모든 것들은
다 운명 지어진 것이라는 것을 확신시키는 데 성공한 결과이
다. 만약 운명이 이미 정해져 있는 거라면 맥베스가 어떤 행동
을 하는 것이 옳은지 그른지 따져볼 필요가 없는 것이다. 대신
그가 할 일은 오로지 마녀들의 도움을 받아 다음 운명을 알아
내고 그에 따라 행동하면 되는 것이다. 자신이 미래에 대해 알
수 있다는 것을 믿게 되면서 맥베스는 마땅한 심사숙고가 아
니라 서두르는 것이 성공의 열쇠라고 생각한다.

지금 이 순간부터는

마음에 생각이 떠오르자마자

바로 손이 행하게 하리라. 당장 지금

내 생각에 행동이란 왕관을 씌우리. 생각이 나면 행하는 것이다.

맥더프의 성을 습격하여

파이프[5]를 손에 넣으리. 그의 아내, 아이들과

불운한 그의 모든 일가친척들에게 칼날을 들이대리.

바보처럼 떠벌리지 말고

계획이 식기 전에 행동으로 옮기리라.

환영 따위는 더 이상 안볼 것이다. (4막 1장 146-55행)

From this moment

The very firstlings of my heart shall be

The firstlings of my hand. And even now,

To crown my thoughts with acts, be it thought and done:

The castle of Macduff I will surprise;

Seize upon Fife, give to th' edge o' th' sword

His wife, his babes, and all unfortunate souls

That trace him in his line. No boasting like a fool;

This deed I'll do before this purpose cool.

But no more sights!

던컨과 뱅쿠오의 살인에 대해서는 오랫동안 숙고했으나 이제 맥베스는 갑자기 여러 살인에 뛰어드는 데 모두 다 전보다 훨씬 잔인하고 도덕적으로 불쾌한 행위들이다. 도덕적 가책을 충분히 느낀 뒤에 맥베스는 이제 정반대로 전혀 생각하지 않고 행동으로 옮기게 되는데 이런 행동은 그를 무차별적인 폭력으로 이끈다.

이런 변화를 단순히 이교도적인 충동으로의 회귀이자 새로 지니게 된 내면의 신념을 폐기하는 시도로 보는 사람들도 있을 것이다. 그러나 이 대사 뒤에 숨어 있는 것은 이교도에게서는 출처를 찾을 수 없는 사고방식이다. 여러 비평가들이 지적했듯이 "내 생각에 행동이란 왕관을 씌우리"라는 대사에서 맥베스는 전지전능함이라는 꿈을 실행하려고 한다.* 그는 어떤 것을 생각만 하면 그것이 즉시 이루어지리라고 상상하는데 그것은 성서 속 하나님에게서만 구현되는 방식이다. 마치 기독교의 불멸 사상에 이끌린 것처럼 맥베스는 생각을 바로 실행으로 옮기는 전지전능한 신이라는 기독교 사상에 매력을 느낀다. 맥베스에게서 엿보이던 절대주의의 한 부분으로서 그는 이제 성서 속 하나님의 전지전능함을 부러워한다. 자신이 필멸이라고 자각하고도 그는 아무도 자신을 해할 수 없다고 믿고 싶어 한다. 이 때문에 그는 마녀들의 계략의 희생자가 되는 것이다. 일단 맥베스가 자신을 전적으로 그들에게 맡기자 자기의 불안정함에 대한 영웅답지 못한 인식을 극복할 수 있게 되고, 실제로 그 누구도 자신을 정복하지 못하리라

---

* 예를 들어 Kirsch의 글, 94-95쪽 참조.

고 분명히 믿게 된다. 극 후반부에 처음 모습과는 정반대로 맥베스는 이렇게 말한다. "나는 공포의 맛을 거의 다 잊어버렸다"(5막 5장 9행). 그러나 아이러니하게도 맥베스가 절대 권력을 맛보는 것은 자신에게 아무 권력도 없음을 경험하기 직전이다. 세상에 대한 완전한 지배권을 가지려 했지만 실제로는 상황 통제 능력을 잃고 적들이 주도권을 장악하는 것을 보고만 있게 된다. 그동안 맥베스는 전적으로 마녀들의 예언에 대한 믿음 때문에 수동적으로 기다리면서 그들의 움직임에 반응하는 처지가 된다(5막 3장 2-7행).[7] 결국 그는 움직이는 자유조차 잃고 만다. "저들이 나를 말뚝에 붙들어 맸구나. 이제 나는 도망갈 수도 없이, 곰처럼 힘든 과정을 싸워야 한다."(5막 7장 1-2행)[8]

4막 1장의 대사가 말해주듯이 맥베스는 "더 이상 환영"을 보고 싶지 않아 행동으로 옮기기 전에 생각하기를 거부한다. 즉 그는 자신의 행위에 대한 도덕적 결과를 생각하고 싶지 않은 것이다. 그래서 그의 대사는 극 초반에 자신과 아내가 표현했던 소망이었던 자신의 행동을 보지 않기를, 다시 말해 자기 행위의 결과에 직면할 필요가 없기를 바란다.* 그러나 이런 소

---

*   맥베스: 별들이여, 너의 빛을 감추어라!
              그 빛이 내 마음 속 깊은 곳의 검은 욕망을 보지 않도록.

망을 궁극적으로 실현시켜 주는 것은 "숙면의 혜택을 누리면서 동시에 깨어있는 것처럼 행동하는"(5막 1장 9-11행) 맥베스 부인의 몽유병이다. 맥베스 부인에게서 우리는 그녀의 남편에게 은유적으로 발생했던 일이 실제 벌어졌음을 보게 된다. 그는 평생 잠들지 못하고, 그의 적들의 움직임에 따라 하게 되는, 자기가 보기에도 내적 동기나 의미가 없는 조처와 행동들을 하게 된다. 맥베스의 심오한 양심은 역설적인 결과를 낳는데 그를 궁극적으로 양심 없이 기계적인 행동을 하게 이끄는 것이다. 앞서 계속 살펴보았듯이 맥베스의 양심의 세계가 열

눈이여, 손이 하는 짓을 보지 말지어다. 그러지 아니하면
눈은 손이 행한 걸 보길 두려워할 것이다.(1막 4장 50-53행)

Macbeth: Stars, hide your fires,
        Let not light see my black and deep desires;
        The eye wink at the hand; yet let that be
        Which the eye fears, when it is done, to see.

맥베스 부인: 어두운 밤아,
        어서 와서 이 음침한 지옥의 연기 속에 너를 뒤덮어라.
        나의 날카로운 칼이 자신이 만든 상처를 보지 않도록.(1막 5장 50-53행)

Lady Macbeth: Come, thick night,
        And pall thee in the dunnest smoke of hell,
        That my keen knife see not the wound it makes.

이 두 대사에서 맥베스와 맥베스 부인은 무의식적으로 자신들이 실제 하려는 짓, 다시 말해 자신들의 행위의 결과를 충분히 알아차리지도 못한 채 무조건 하려는 행동이 무엇인지를 드러낸다.

리면서 그의 영혼 속에는 깊은 균열이 생긴다. 맥베스가 하고 싶은 행동과 양심이 도덕적으로 옳은 행동이라고 말해 주는 것 사이의 괴로운 균열 말이다. 작품 대부분에서 맥베스는 새로 발견한 양심과 씨름하지만 종국에는 모든 양심을 거부하기 시작한다. "내 마음에는 전갈이 가득하다"(3막 2장 36행)는 대사에서도 볼 수 있듯이 맥베스는 자기의식의 균열을 치유하는 방법을 찾고 "머릿속에 새겨진 고통들을 도려낸다"(5막 3장 42행). 그러나 양심을 없애려는 와중에 그는 자기 영혼의 무의식적 충동들의 희생자가 되어 그 어느 때보다 더 잔인하게 행동한다. 그가 이쪽 극단에서 다른 쪽 극단으로 요동칠 때 다시 한 번 맥베스의 절대주의, 즉 "전부 아니면 아무것도 아닌" 태도를 보게 된다. 새로운 도덕의 제약 아래서 괴로워하던 맥베스는 마침내 그의 행동을 막는 모든 제약을 제거하고 동물적 욕망의 노예가 된다. 결국 그가 새로 발견한 것 같던 자유가 족쇄가 되어버린 것이다.

1   처음에는 마녀들이 나타나 맥베스에게 예언을 했지만, 두 번째 마녀들
    과의 조우는 맥베스가 그들을 찾아가서이다. 왕권 찬탈 뒤 플리언스가
    도망가고 맥더프가 맬컴 세력에 합류하는 등 불안한 정세가 계속되자
    맥베스는 자신의 운명을 알고 싶어 스스로 마녀들을 찾아간다.

2   2장의 옮긴이 미주 10번 참조할 것

3   목소리를 들은 것 같소.
        더 이상 잠들지 말지어다. 맥베스는 잠을 죽였다.
        순수한 잠, 고통의 헝클어진 실타래를 풀어주는 잠,
        (2막 2장 38-40행)

        Methought I heard a voice cry 'Sleep no more!
        Macbeth does murder sleep', the innocent sleep,
        Sleep that knits up the ravell'd sleeve of care,

4   독백이 끝나고 암살자들이 들어오자 맥베스는 그들에게 "우리가 함께
    얘기를 나눈 것이 어제 아니었더냐?"(3막 1장 74행)라고 묻는다. 이것은
    그가 이미 암살자들과 뱅쿠오 암살과 관련된 대화를 했음을 알려준다.

5   맥더프는 파이프의 영주이다.

6   3막 5장에서 맥베스가 마녀들을 찾아가기 전에 마녀들의 대장 헤카테가
    마녀들에게 다음과 같은 전략을 제시한다.

        달의 한 모퉁이에
        수증기 방울이 매달려 있다.
        나는 그것이 땅에 떨어지기 전에 채취할 것이다.

그래서 그걸 마술로 증류하여
인공적인 요정들을 만들어낼 것이다.
그것들이 만들어내는 환각의 힘을 이용하여
그를 혼란으로 빠뜨릴 것이다. 그놈은
운명을 경멸하고, 죽음을 비웃고
지혜, 자비, 두려움을 무시하고
희망을 품게 될 것이다. 너희들도 알다시피
방심이 인간의 가장 큰 적이 아니더냐.(3막 5장 23-33행)

Upon the corner of the moon
There hangs a vaporous drop profound;
I'll catch it ere it come to ground:
And that distill'd by magic sleights
Shall raise such artificial sprites
As by the strength of their illusion
Shall draw him on to his confusion:
He shall spurn fate, scorn death, and bear
He hopes 'bove wisdom, grace and fear:
And you all know, security
Is mortals' chiefest enemy.

결국 마녀들의 전략은 맥베스에게 그의 운명이 안전하다고 방심하게 만
드는 것이었다. 실제 마녀들이 불러낸 환영들의 예언 중 첫째 환영만 "맥
더프를 조심하라"는 경고를 했다. 두 번째 환영과 세 번째 환영은 각각
다음과 같이 예언했다.

　　환영2: 잔인해지고, 대담하며, 결단력 있게 굴어라.
　　　　 인간의 힘을 경멸하라: 왜냐하면 여자가 낳은 자

맥베스를 해하지 못하리니. (4막 1장 79-81행)

Second Apparition: Be bloody, bold, and resolute; laugh to scorn
　　　The power of man, for none of woman born
　　　Shall harm Macbeth.

환영3: 사자와 같은 기질로 자부심을 갖고 신경 쓰지 말지어다.
　　　누가 괴롭히든 누가 초조하게 굴든 음모자가 어디 있든
　　　맥베스는 거대한 버어난 숲이
　　　던시네인 언덕까지 올 때까지는
　　　멸망하지 않을지니. (4막 1장 90-94행)

Third Apparition: Be lion-mettled, proud; and take no care
　　　Who chafes, who frets, or where conspirers are:
　　　Macbeth shall never vanquish'd be until
　　　Great Birnam wood to high Dunsinane hill
　　　Shall come against him.

이런 예언을 들은 맥베스는 다음과 같이 반응하며 그들의 전략에 그대로 걸려든다.

　　　누가 숲을 징발하고 나무에게
　　　땅에 박힌 뿌리를 잘라버리라고 명령한다 말인가.
　　　반가운 예언이로구나. 좋구나.
　　　죽은 역적들아. 버어난 숲이 일어날 때까지는
　　　일어나지 말지어다. 존귀하신 맥베스 님은 천수를 누리며
　　　다른 인간들이 사는 만큼 숨을 쉴 테니. (4막 1장 100행)

Who can impress the forest; bid the tree
Unfix his earth-bound root? Sweet bodements! good!
Rebellious dead, rise never, till the wood
Of Birnan rise; and our high-plac'd Macbeth
Shall live the lease of Nature, pay his breath
To time, and mortal custom.

7   버어난 숲이 던시네인까지 움직이지 않는 이상
      나는 조금도 두렵지 않다. 맬컴이란 놈은 뭐냐?
      그놈은 여자가 낳은 자가 아니란 말인가?
      인간사를 다 알고 있는 영령이 내게 말했지.
      '맥베스여, 두려워하지 말지어다.
      여자가 낳은 자 맥베스를 해하지 못하리니.' (5막 2장 2-7행)

Till Birnan wood remove to Dunsinane,
I cannot taint with fear. What's the boy Malcolm?
Was he not born of woman? The spirits that know
All mortal consequences have pronounced me thus:
'Fear not, Macbeth; no man that's born of woman
Shall e'er have power upon thee.'

8   맥베스는 자신의 처지를 당시 아주 인기 있는 오락거리였던 곰 놀리기
      (bear-baiting)에 비유하고 있다. 곰을 나무 기둥에 묶어 놓고 여러 마리의
      개가 공격하게 하는 이 잔인한 유희에 대해 셰익스피어는 작품 속에서
      자주 언급한다.

두 세계의 이상한 혼종

두 세계의 이상한 혼종

세 마녀들이 맥베스의 사고에 끼치는 영향을 살펴보면서 처음부터 맥베스가 그들이 말하는 내용이 대단히 애매모호하고 이중(二重) 의미임을 어렴풋하게 의심하다가 마침내 확신하게 되면서 두려움에 사로잡히는 것을 보게 된다. 맥베스는 "이 불가사의한 것들의 유혹은 좋은 것도, 나쁜 것도 아니야"(1막 3장 130-31행)라고 말하는데, 마녀들은 실제로 그를 "헛것이 아닌 것이 하나도 없는"(1막 3장 141-42행) 세계로 빠뜨린다. 마녀들은 마치 맥베스의 권력을 확대시켜 주고 그에게 바라는 모든 것을 이루어지게 만드는 초자연적인 힘과 맥베스를 연결시켜 주는 것처럼 보인다. 그러나 상황이 진행되면서 확실히 입증된 그들의 예언 능력에 대한 맥베스의 믿음이 그를 유혹하여 원래 자신의 운명을 조절하기 위해 지니고 있어야 했던 능력들을 다 앗아가 버리는 일련의 행동 속으로 그를 몰아넣는다. 마녀들의 계략에 빠진 맥베스는 자유와 전지전능에 대한 약속이 그를 그들의 계획에 무기력한 노예가 되게 만들었음을 깨닫는다. 물론『맥베스』에서 세 마녀들의 역할을 정확히 이해하기란 어렵다는 것은 널리 알려진 사실이다. 극 속에서 합법적인 기독교 세력의 반대 세력으로서 그들은 스코틀랜드의 옛 이교와의 관련성을 나타내는 것 같다. 중세 유럽에서 역사적으로 마녀들은 실제 그런 존재였다. 그러나 여러 가지 면에서 세 마녀들은 맥베스를 이교도 세상에서 벗어나게 만드는 경향들과 관계가 있는 것 같다. 분명 그들은 초자연적인 존재의 영향을 상징하고 무엇보다 맥베스에게 특별한 섭리에 대한 사고를 갖게 해준다.

궁극적으로 이 마녀들은 맥베스처럼 이교도 쪽이든 기독교 쪽이든 어느 한쪽으로 정확하게 자리매김하기가 어렵다. 필자가 시도하려는 바는 그의 상황을 볼 때 맥베스는 완전히 이교도도 아니요 기독교인도 아니고, 두 세계 사이에서 분열되어 두 세계의 요소들을 결합한 이상한 혼종이 되었다는 것이다. 맥베스의 경우에 기독교가 흔히 그렇듯이 이교도 정신의 잔인함을 약화시켜 주기는커녕 역설적이게도 오히려 그것을 더 불러일으켰다. 맥베스의 이교도 정신에 절대주의를 제공함으로써 기독교는, 혹은 맥베스의 왜곡된 기독교 해석은 그를 더 잔인하고 정직하지 못한 인물로 변화시켰다. 자신은 불패한다고 확신하게 된 맥베스는 어떤 장애물도 용납하지 않고 십자군 전쟁 때 기독교 전사의 악마적 패러디가 되어서 극 속 진짜 기독교도들의 눈에는 악마로 여겨진다. 사람들은 보통 고대 그리스 로마 시대와 기독교의 결합이 두 세계의 좋은 점들을 결합하여 더 고차원적인 합성을 낳으리라 생각한다. 그러나 맥베스 자신은 정반대의 성질을 합성하는 것의 어려움을 "어찌 인간이 놀란 가운데 현명할 수 있고, 화가 난 가운데 진정할 수 있고, 충성 가득한 가운데 중립적일 수 있겠소?"(2막 3장 108-9행)라고 말한다. 만약 맥베스가 합성을 했다 하더라도 그건 두 세계의 나쁜 점을 결합하여 이교도적 목적을 기독교의 절대주의로 추구하려는 것, 다시 말해 이교도의 잔인함을 갖고 기독교적 목적을 이루려는 것이다.*

만약 『맥베스』에서 혼종성이 셰익스피어 사고의 근간이라면 왜 세 마녀들에게 중요한 역할을 부여했는지를 알 수 있다.

---

* 그리스 로마 시대의 도덕주의와 성서적 도덕주의의 결합은 양쪽 모두와 아주 다른 윤리를 만들어낸다. 이에 대해서는 Leo Strauss, *On Tyranny*(New York: Free Press, 1991), 191쪽 참조.

마녀들 자신이 다름 아닌 혼종이어서 그들을 한 카테고리에서의 일탈의 살아있는 예로 볼 수 있기 때문이다. 『맥베스』는 양극성, 즉 선과 악, 기독교와 이교, 남성과 여성, 초자연과 자연 등등을 뚜렷이 양분하여 다루는 연극처럼 보인다. 그러나 이 극에서 마녀들이 처음 등장할 때 나오는 "아름다운 것은 추한 것이요, 추한 것은 아름다운 것이다"(1막 1장 11행) 같은 대사에서 볼 수 있듯이 그들은 부지런히 단순한 이분법을 무너뜨린다. 그들이 가장 기본적인 영역의 구분을 깨고 있다는 점을 바로 뱅쿠오는 그들을 처음 보자마자 느꼈던 것이다. 그는 "지상의 존재 같지 않은데 지상에 있다"(1막 3장 41-42)라고 말한다. 무엇보다도 마녀들은 남자와 여자라는 가장 분명한 구분을 흐리는 듯하다.

> 여자임에 틀림없으나
>
> 수염이 있어 그렇다고
>
> 말할 수도 없구나. (1막 3장 45-47행)[1]

> you should be women,
>
> And yet your beards forbid me to interpret
>
> That you are so.

남성/여성의 이분법은 『맥베스』에서 유달리 중요한데 그건 어떤 면에서는 그것이 이교/기독교 대립과 연장선상에 있기 때문이다. 이교도 영웅의 이상은 전투에서의 남자다움이란 이상과 관계가 있는 데 비해 기독교는 좀 더 온화하고 섬세하며, 여성스러운 삶의 이상과 관계가 있다. 어떤 면에서 맥베스가 암살자들이 복음화되었을까 봐 걱정할 때 그는 그들이 너무 여성화된 건 아닌지를 묻는 것일지도 모른다. 앞서 살펴보았듯이, 그들이 "저희도 인간[사내]입니다, 폐하"(3막 1장 90행)라고 대답했다는 것은 그들이 맥베스가 자신들의 사내다움을 문제 삼고 있음을 인식했다는 걸 보여준다.

남자답다는 것이 무엇이냐, 단순히 남자처럼 호전적 행동이라는 전사의 규범에 맞게 행동한다는 뜻이냐, 아니면 남자다움이라는 개념에 여성스럽고 세심한 성정까지를 확대/포함시켜야 하느냐는 『맥베스』에서 종종 제기되는 문제이다.* 맥베스 부인은 극 초반에 남성성을 아주 편협하게 사내다움이란 개념에 호소하여 남편을 비아냥거려 결국 던컨을 살해하도록 부추길 수 있었다. 그러나 극 후반에 맬컴이 비슷하게 맥더프를 자극하여 잔인한 행동을 유도하려 할 때 맥더프는

---

* 이 문제에 대해 좀 더 깊이 있게 논한 것은 Jose Benardete의 에세이를 참조할 것.

남성다움이란 연민 어린 인류애라는 보다 넓은 정의 쪽을 택한다.

> 맬컴: 사내답게 이 일을 견뎌주시오.
>
> 맥더프:　　　그러하겠사옵니다.
>
> 하지만 인간으로서 슬퍼해야 하겠습니다. (4막 3장 220-221행)

> Malcolm: Dispute it like a man.
>
> Macduff:　　　　　　　　I shall do so;
>
> But I must also feel it as a man:

이런 대목들은 『맥베스』에서 남성다움/여성다움의 이분법이 얼마나 복잡한지를 보여준다. 이 극에서는 단순하고 일방적인 차이를 제시하지 않고 여성과 남성의 경계는 늘 흐려져 새로운 혼종 형태를 만들어낸다. 맥베스가 전사로서 방향을 상실했다는 징후 중 하나는 그가 세 마녀뿐만 아니라 그의 거사 과정에서 결정을 내리는 데 중요한 역할을 하는 아내와 같이 여성들의 종용에 영향을 받는다는 것이다. 그런데 이 극 속에서는 남성성이 여성화되는 것처럼 여성성이 남성화되기도 한다. 이런 경향은 마녀들의 수염에서 확연히 드러나고 맥베스 부인이 자주 남성의 역할을 하려는 시도에서도 명백하다. 이것의 가장 좋은 증거는 "자신의 성을 제거해서" 온화한 여성성을 잔인한 남성성으로 바꿔달라는 맥베스 부인의 기원에 잘 나타난다(1막 5장 40-50행).『맥베스』에서 단순히 남성스러움을 이교도와 동일시하고 여성스러움을 기독교와 동일시할 수는 없다. 그럼에도 불구하고 이 극 속에서 세 마녀들의 이미지에 가장 잘 구현되어 있는 남성/여성의 혼종성 이미지는 계속 반복적으로 제시되는데, 셰익스피어가 이 극 속에서 이교도와 기독교의 혼종 세상을 그리려고 했다는 필자의 주장보다 좀 더 포괄적인 차원을 연상시킨다.

요한 조파니(Johann Zoffany), 〈맥베스 역의 데이비드 개릭과 맥베스 부인 역의 한나 프리처드〉, 1768년경, 런던, 개릭 클럽 소장.

1 이 극에서 마녀들은 유형이기도 하고 무형이기도 하며, 여자이기도 하
고 남자이기도 한 애매모호한 존재로 규정이 불가능하다.

자연계 질서를 넘어선 무한(無限)에 대한 욕망

자연계 질서를 넘어선 무한(無限)에 대한 욕망

세 마녀가 맥베스에게 미친 영향의 마지막 특징은 그들이 맥베스의 자연관을 바꾼 것이다. 맥베스 부인이 "초자연적 도움"(metaphysical aid; 1막 5장 29행)이라고 말한 것들의 세상에 발을 디딘 뒤 맥베스는 점점 초자연적 세력에 집착하게 되고, 자연계를 경멸하고 심지어 증오하기까지 한다. 부분적으로 이런 변화는 영원한 것을 추구하는 맥베스가 세상의 모든 일시적인 것들, 즉 자연계 자체를 경멸한다는 사실을 보여주기도 한다.* 셰익스피어는 맥베스의 영원한 것에 대한 욕망과 그

---

* 이런 문맥에서 볼 때 맥베스 부인이 뱅쿠오나 플리언스에 대해 말하는 "자연의 피조물인 그들의 생도 영원하지 않다"(3막 2장 38)는 대사는 대단히 암시적이다. 자연은 영원하지 않다. 따라서 영원성이란 기준으로 볼 때 맥베스의 눈에 자연은 결함 있어 보인다.

의 폭군적 기질 사이의 연관성을 구축한다. 맬컴 왕자와 맥더프가 폭군의 본성에 대해 나누는 긴 대화에서 영원한 것에 대한 욕망이 폭군의 두드러진 특질로 대두된다. 맥더프는 "한없이 무절제한 성격도 폭정임이 틀림없습니다"(4막 3장 66-67행)라고 말한다. 셰익스피어가 폭군의 특징으로 제시한 것처럼 맥베스의 끝없는 욕망은 자신의 의지에 반하는 그 어떤 장애물과 제약에 대항하여 싸우게 만든다.* 그래서 자연의 질서라는 개념이 그들이 어떻게 행동해야 할지를 규정하는 특질을 갖고 있기 때문에, 다시 말해 그들의 행동에 제약을 주기 때문에 결국 폭군은 자연 자체와 불화를 겪게 된다.

맥베스가 점점 폭정으로 빠질수록 셰익스피어는 이 폭군의 행동에 불을 지르는 엄청난 이기주의를 드러낸다. 그래서 "두려움 속에 밥을 먹기보다는 차라리 온 세상이 조각나 온 천지가 고통을 겪는 것이 낫겠소"(3막 2장 16-17행)라든가 "나 자신의 안위를 위해서라면 그 어떤 대의명분도 다 양보할 것이오"(3막 4장 134-35행)라고 말한다. 결국 맥베스의 폭군 같은 자아는 그를 자연의 모든 세력과, 심지어 자연의 질서 그

---

* 재미있게도 이것은 플라톤이 『국가론(The Republic)』에서 제시한 폭군의 사고방식과 아주 유사하다. 특히 571a와 580a를 참조할 것. 가장 유사한 점은 자신의 욕구를 풀고자 폭군은 자기 영혼의 욕망의 노예가 된다는 것이다. 이런 유사점에 대한 논의로는 White의 글, 145쪽을 참조할 것.

자체에 도전하게 만든다.

비록 너희들이 바람을 풀어 교회에 대적하든

거품이 이는 파도가

항해하는 배를 부수고 삼켜버리든

잎 달린 옥수수나무들이 바람에 쓰러지든

성이 무너져 파수꾼의 머리 위에 쓰러지든

궁궐이나 피라미드가 기울어 뒤집어지든

모든 대자연의 보배인

씨앗들이 뒤섞여 파멸하고 병들든

너희들은 내 묻는 바에

대답할지어다. (4막 1장 52-61행)[1]

Though you untie the winds, and let them fight

Against the churches; though the yesty waves

Confound and swallow navigation up;

Though bladed corn be lodg'd and trees blown down;

Though castles topple on their warders' heads;

Though palaces and pyramids do slope

Their heads to their foundations; though the treasure

Of nature's germains tumble all together,

Even till destruction sicken; answer me

To what I ask you.

이 대사는 맥베스의 정신세계와 그의 폭군 같은 욕망을 깊
이 통찰할 수 있게 해준다. 그의 상상력은 자연의 모든 질서
가 사라지는 걸 상상하는데 이는 특히 모든 자연의 경계가 무
너지는 걸 의미한다. 맥베스의 폭군 같은 정신이 견딜 수 없
는 것은 자연이 인간의 행동에, 특히 인간의 욕망에 제동을 거
는 것이다. 그는 자기 의지가 자연에 제약을 받기보다는 차라
리 세상이 혼돈에 빠지는 걸 보고 싶어 한다. 결국 그는 인간
의 의지와 상관없이 자연에 유효한 질서가 있다는 생각을 부
정한다. 그래서 그는 초자연적 존재에 대한 생각, 이 세상에서
벌어지는 일은 설사 그것이 끔찍한 일일지라도 모두 특정한
섭리의 산물이라는 사고에 그렇게 사로잡힌 것이다. 맥베스
는 자신이 초자연적 세력과 연루되어 있다고 느낄수록 자연
계를 무시하고 자연계가 마땅히 자신의 의지에 종속되어 그
의 목적에만 따르도록 운명 지어져 있다고 보려 한다.

위 대사에서 가장 놀라운 점은 그가 "자연의 산물", 자연계
가 싹틔운 모든 씨앗들을 저주하는 것이다. 그는 자연의 생식

력을 참을 수가 없다. 어떤 면에서 맥베스는 궁극적으로 자연의 생산력과 다투고 있는 것이다. 그러니 그가 맥더프 부인과 아이들을 살해하는 끔찍한 범죄를 저지르는 것은 우연이 아니다. 그런데 맥베스가 스코틀랜드의 아이들을 공격하는 것은 대단히 아이러니하다. 맥베스 부부 사이에는 자식이 없어 자신의 왕권을 영속시키는 데 필요한 후계자가 없는 것이다. 그가 계승자를 얻으려면 자연의 도움이 필요하기 때문에 제아무리 독선적인 자라 하더라도 자연의 힘 없이는 살 수가 없는 것이다. 극 초반에 맥베스 부인은 자연에 맞서 자신의 여성의 역할을 거부하고 특히 엄마로서의 잠재력에 저주를 내린다. 맥베스 부인의 경우, 셰익스피어는 자연의 힘을 저주하던 자들은 자연이 거기에 복수하기 때문에 그것을 후회하며 사는 양상을 구축하는 것 같다. 자신의 성정에서 여성성을 제거해 달라고 기원하던 맥베스 부인은 자신이 하려 했던 호전적인 남성 역할에는 어울리지 않음을 깨닫고 그 과정에서 정신에 이상이 생긴다.[2]

5막에서 셰익스피어는 맥베스 부인을 치료하는 전의(典醫)를 등장시킨다. 그는 의학의 뿌리가 자연(physis)에 있음을 알고 있는 듯하다. physis란 단어는 자연을 나타내는 그리스어로 식물이란 단어와 연관이 있어서 성장원으로서의 자연을 강조하는 어휘이다. 아무튼 이 전의는 맥베스 부인의 문제를 "본성(nature)에 심한 동요가 인 것"(5막 1장 9행)이라고 진단하고, 맥베스와 맥베스 부인 두 사람의 운명에 "자연에 어긋난 행동은 비정상적인 고통을 낳는 법"(5막 1장 71-72행)이라는 공식을 제시한다. 전의는 자연 질서에 어긋나는 행동을 했기 때문에 맥베스 부인은 이제 초자연적인 힘의 도움을 통해서만 치유될 수 있음을 "왕비마마께는 의사보다도 신의 도움이 필요하다"(5막 1장 74행)라는 대사를 통해 암시한다. 전의가 왕비를 치료하지 못하자 맥베스는 "그따위 의학은 개에게나 던져주어라. 난 필요 없으니"(5막 3장 47행)라고 말하며 의학을 경멸한다. 아무리 셰익스피어가 고전 지식이 부족하다 하더라도 의학(physic)이라는 단어의 그리스어 어근을 몰랐을 거라고 믿기는 어렵다. 분명히 맥베스가 의학을 거부하는 것은 그의 폭군적 추구를 알게 해주는 자연을 거부하는 것이다.

그러나 맥베스가 자연을 거부하고 초자연을 수용하려 하면서도 그가 대단히 혼란을 겪었음을 알 수 있다. 세 마녀들은 잘못된 안도감을 심어주어 그를 파멸시키기 위해 그의 이런 혼란을 이용한다. 그들이 그를 속이기 위해 하는 수수께끼 같은 예언들[3]은 자연 질서의 권능을 그가 여전히 믿고 있기 때문에 그에게 확신을 준다. 그 예언에 의하면 맥베스는

헨리 푸젤리(Henry Fuseli), 〈몽유병에 걸린 맥베스 부인〉, 1772

여자가 낳지 않은 자 같은 자연 질서 너머의 힘에 의해서만
쓰러질 수 있다. 맥베스는 "거대한 버어난 숲이 던시네인 언
덕까지 움직여 올 때까지"(4막 1장 92-94행) 자신이 파멸되지

않으리란 말을 듣고 자연계의 한계에 대한 그의 믿음에 의존해 반응한다.

> 그런 일은 결코 일어나지 않을 것이다.
> 누가 숲을 징발하고 나무에게 땅에 박힌 뿌리를
> 잘라버리라고 명령한단 말인가.
> 반가운 예언이로구나. 좋구나.
> 죽은 역적들아. 버어난 숲이 일어날 때까지는
> 일어나지 말지어다. 존귀하신 맥베스 님은 천수를 누리며
> 자연이 정해준 만큼의 천수를 누릴 테니. (4막 1장 94-99행)

> That will never be.
> Who can impress the forest, bid the tree
> Unfix his earth-bound root? Sweet bodements! good!
> Rebellious dead, rise never till the wood
> Of Birnan rise, and our high-plac'd Macbeth
> Shall live the lease of nature,

여기서 우리는 맥베스가 얼마나 자기중심적이 되었는지 볼 수 있다. 그는 모든 사람, 모든 것이 오로지 자기 자신만을

위해 자연 질서의 지배를 받기를 바란다. 위 대사의 마지막 행이 보여주듯이 그는 자신이 자연의 힘 위에 있다고 생각하는 순간에도 자연의 힘에 의존하고 있다. 그가 바로 두 장면 전에 스스로 생각했던 부활의 가능성을 거부하는 걸 보면 맥베스의 사고가 얼마나 일관성이 없는지를 알 수 있다. 맥베스는 자기 세계에서 자연계와 초자연계를 구분하는 데 대단히 혼란을 느낀다. 자신은 자연의 한계 위에 있기를 요구하면서 다른 누군가도 그럴 수 있음을 잊는다. 그렇게 그는 맹목적으로 파멸을 향해 나아간다.

이 극의 결론이 초자연적인 아우라에 둘러싸여 있어도 결국 맥베스를 파멸시키는 것은 순전히 자연의 힘이다. 예언은 마치 신비로운 초자연적인 힘만이 맥베스를 파멸시킬 수 있을 것 같았지만 궁극적으로 승리하는 세력은 단순한 자연에 기초한 해명을 한다.* 여자가 낳지 않은 자는 다만 제왕절개로 태어났음이 밝혀진다. 기적적으로 움직이는 숲은 그저 위장전술임이 밝혀진다. 자연 질서를 공격한 맥베스는 결국 자신이 그것에 의해 파멸되었음을 깨닫는다. 그리고 가장 아이

---

*   Lawrence Danson, *Tragic Alphabet: Shakespeare's Drama of Language*(New Haven: Yale University Press, 1974) 138–139쪽 참조.

헨리 푸젤리(Henry Fuseli), 〈무장한 머리의 환영을 저주하는 맥베스〉, 1793년

러니한 것은 세 마녀들이 사실 그의 운명을 숨긴 것이 아니라
는 것이다. 여러 비평가들이 언급했듯이, 예언을 했던 환영들

은 자신들만의 설명법을 사용한 것이다.* 여자가 낳지 않은 자에 대한 예언은 제왕절개를 암시하는 피 묻은 아이가 전하고, 버어난 숲 예언은 손에 나뭇가지를 든 아이가 전하는데, 이는 맬컴 왕자의 전술을 정확히 암시하는 것이다. 문제는 맥베스가 세 마녀가 보여주는 것을 제대로 보지 않았다는 것이다. 그는 들리는 것만 듣고 자신의 욕망대로, 무엇보다 전지전능하고 무적이길 바라는 소망대로 예언을 해석했다.

극 초반에 맥베스가 단도 환영을 보았을 때 그는 "내 눈이 다른 감각들에 의해 바보가 된 것인가, 아니면 다른 감각들보다 더 영리해진 것인가?"(2막 1장 44-45행)라고 말한다. 이런 시각과 다른 감각과의 괴리는 이 극에서 중요한 양상을 형성한다. 만약 맥베스가 이 장면에서 자기 눈이 보여주는 바를 따랐다면 그는 파멸을 피할 수 있었을 것이다. 마녀들이 불러낸 환영과의 경험은 맥베스가 그들이 말한 내용을 자신의 희망이나 욕망에 의해 잘못 해석하지 않고 자신의 눈으로 본 것을 믿었다면 훨씬 형편이 나았을 것임을 보다 더 강렬하게 보여

---

*   예를 들어 Howard Felperin, *Shakespearean Representation: Mimesis and Modernity in Elizabethan Tragedy*(Princeton: Princeton University Press, 1977), 133쪽 참조. 로만 폴란스키 (Roman Polanski)감독의 영화 〈맥베스〉는 여러 가지 문제점이 있긴 하지만 이 점을 시각적으로 담아내고 있다. 폴란스키는 제왕절개 장면을 여자가 낳지 않은 자에 대한 예언 장면에 삽입했다.

준다. 결국 세 마녀가 맥베스에게 쓴 속임수는 그가 마녀들이나 환영에게서 들어 알게 된 것을 해석하면서 자기 눈으로 보고 있다고 생각하게 만든 것이다. 맥베스가 결국 깨닫는 것처럼 세 마녀들은 오직 "우리의 귀에만 약속의 말들을 한다."(5막 8장 21행). 어쩌면 맥베스가 궁극적으로 깨닫는 교훈은 전해들은 말과 눈으로 직접 보는 것 사이의 괴리일 지도 모르겠다.[4] 세 마녀들이 사용한 전략은 이렇게 요약해 볼 수 있을 것이다. 즉 그들은 맥베스의 무한한 욕망을 일깨우고 전지전능해지고 싶어 하는 그의 꿈에 호소하여 그가 초자연계와 연합하게 하고 자연계를 경멸하도록 만든 것이다. 그렇게 그들은 맥베스가 자연의 힘을 깨닫지 못하게 하는데, 결국 그는 자연에 의해 파멸된 것이다.

그 어떤 해석도 『맥베스』라는 작품이 지닌 수수께끼와 역설들을 충분히 설명하지 못할 테지만 필자는 이 작품을 일종의 고고학적 시도, 즉 기독교가 북유럽의 이교도 세계에 침투했던 먼 과거의 한 순간에 대한 역사적 고찰을 함으로써 이 작품에 새로운 빛을 비추었기를 희망한다. 그 순간은 셰익스피어 자신의 시대와는 성격이 다르겠지만 연관이 없다고는 말할 수 없다. 셰익스피어는 그때의 세상이 본인이 살고 있는 세상과는 아주 달랐을 것이라고 생각해서 이 극에서 그런 낯

선 특징을 포착해 보고자 했다. 사실 『맥베스』라는 작품이 지니고 있는 기이함, 즉 이 작품을 분석했던 비평가들을 혼란스럽게 했던 수많은 수수께끼들은 일정 정도는 이 작품이 그리고 있는 역사적 순간의 독특함에서 기인하는 것일 수도 있다. 무엇보다도 영웅으로서의 맥베스의 특이함을 이런 역사적 상황에서 찾을 수 있다. 맥베스를 기독교 성인처럼 행동하는 이교도 전사라고 말하는 것은 가당찮을 것이다. 그러나 필자가 보여주고자 했던 것은 맥베스가 그의 세상에 만연했던 새로운 기독교의 영향으로 그가 접한 글귀들에 맞게 자신의 야망을 새로 설정하고 재정의한 영웅적 전사라는 것이다. 특히 기독교의 영원성에 대한 개념의 영향을 받은 맥베스는 자기 삶에서 절대적인 것, 절대적으로 안전하고 영원히 지속적인 것에 대한 욕구를 느낀다. 기독교의 세력이 확장된 세상에 옮겨진 맥베스는 마음속에서 깨어난 무한한 것에 대한 욕망을 발견한다. 셰익스피어는 그 욕망을 맥베스의 새로운 형태의 폭정과 자연을 인간 의지에 종속시키는 새로운 태도와 연관시킨다. 만약 셰익스피어가 이교도 영웅이 어떻게 무한한 욕망을 지닌 폭군으로 변하는지를 묘사한 과정을 제대로 분석해 보면 셰익스피어가 그린 맥베스의 모습은 과거에 대한 형상화인 것만큼 미래에 대한 예언적 묘사이기도 하다는 것을 깨

달을 것이다. 스코틀랜드 전사의 비극은 근대의 비극을 예시하는 것이다. 만약 맥베스가 지상에서 천국을 가지려던 자신의 개인적 소망을 이 지상에서 정치적인 것, 즉 소위 이데올로기로 바꿀 기회를 발견했다면 그는 분명 근대 폭군의 완벽한 원형이 되었을 것이다.

1 맥베스가 마녀들을 찾아가서 그들에게 하는 말이다.

2 왕을 시해할 때 맥베스와 대조적으로 양심의 가책이나 주저함 없이 대
담하고 냉혈적으로 거사를 이끌던 맥베스 부인은 던컨 왕을 시해하고
왕위에 오른 뒤에는 밀려드는 온갖 공상과 죄책감에 시달린다. 맥베스
부인은 그런 마음의 자책을 이기지 못해 심한 정신병 증세인 몽유병에
걸린다. 아이러니하게도 3막 4장에서 뱅쿠오의 망령을 보고 헛소리를
하는 맥베스에게 잠을 자라고 권하며 퇴장한 맥베스 부인 자신이 몽유
병에 걸린 것이다. 그녀는 잠자리에 들 때도 항상 촛불을 켜 놓았으며,
잠결에 일어나 한참 동안 손을 씻는 시늉을 하곤 한다. 그러면서 마음이
몹시 괴로운 듯 땅이 꺼져라 한숨을 쉬며 "아직도 흔적이 남아 있어"(5막
1장 30행)라든가 "없어져라, 없어져, 이 흉측한 흔적아!"(5막 1장 33행)라
고 중얼거린다. 그녀는 결국 마음의 짐을 덜지 못하고 자살한다.

3 마녀들은 마법 솥에서 환영들을 불러내어 맥베스에게 예언을 해준다.
투구를 쓴 잘린 머리의 첫 번째 환영은 "맥더프를 경계하라"(4막 1장 71
행)고 충고한다. 맥베스는 자신이 눈엣가시처럼 여기는 맥더프를 첫 번
째 환영이 알아맞히자 환영들의 예언을 굳게 믿게 된다. 피투성이 어린
이의 모습을 한 두 번째 환영은 "여자가 낳은 자의 권능을 비웃어라. 여
자가 낳은 자, 맥베스를 해칠 수 없으니 잔인하고 대담하고 용감하게 행
동하라"(4막 1장 79-81행)고 충고한다. 왕관을 쓰고 나뭇가지를 든 어린
이 모습을 한 세 번째 환영은 "버어난의 무성한 숲이 던시네인 언덕까
지 공격해 오지 않는 한 맥베스는 멸망하지 않으리"(4막 1장 92-94행)라
고 충고한다. 이때 '투구를 쓴 잘린 머리'는 극 말에 맥더프에 의해 잘려
지는 맥베스 자신의 머리이고, '피투성이 어린아이'는 달이 차기 전에
엄마 배를 가르고 나왔다는 맥더프이며, '왕관을 쓰고 나뭇가지를 든 아
이'는 맬컴 왕자를 가리킨다. 맬컴 왕자가 부하들에게 버어난 숲의 나뭇
가지들을 베어 손에 들고 위장하라고 명령하기 때문이다.

4   로마서 10장 17절("그런즉 이와 같이 믿음은 들음에서 나며 들음은 하나님의 말씀에서 나느니라")과 비교해 볼 것.

Paul A. Cantor
폴 A. 캔터

미국 태생의 문학 미디어 평론가이자 현재 버지니아 대학교 영문학과 교수로 재직 중인 폴 A. 캔터(1945-)는 셰익스피어를 비롯하여 크리스토퍼 말로우(Christopher Marlowe), 벤 존슨(Ben Jonson), 제인 오스틴(Jane Austin), 오스카 와일드(Oscar Wilde), H. G. 웰스(H. G. Wells), 사무엘 베케트(Samuel Beckett), 살만 루시디(Salman Rushdie) 같은 작가들에 대한 폭넓은 연구를 수행해 왔다. 낭만주의, 신역사주의 같은 문예사조나 문학비평 연구를 토대로 『창작과 창작자: 신화 만들기와 영국 낭만주의(*Creature and Creator: Myth-Making and English Romanticism*)』(1984)라는 저서를 출간하는가 하면, 「스테판 그린블랫의 신역사주의 시각("Stephen Greenblatt's New Historicist Vision")」이란 논문을 집필하기도 했다.

캔터는 현대 대중문화 비평에서도 주목할 만한 연구를 남겼는데, 미국의 TV 프로그램에 관한 연구서인 『풀려난 길리간: 세계화 시대의 대중문화(*Gilligan Unbound: Pop Culture in the Age of Globalization*)』(2003)는 미국 문화에 관한 비평서 중 탁월한 역작으로 평가받는다. 2012년에도 『대중문화 속 보이지 않는 손: 미국 영화 및 TV 속 자유 vs 공권력(*The Invisible Hand in Popular Culture: Liberty vs. Authority in American Film and TV*)』이란 대중문화 비평서를 출간했다.

한편 스위스 제네바 출신의 루드비히 폰 미제스(Ludwig von Mises)를 중심으로 한 오스트리아학파(Austrian School; 자유 지상주의 학파, 혹은 자유주의 경제학파)의 일원이었던 캔터는 스테판 D. 콕스(Stephen D. Cox)와 공동 집필한 『문학과 자유경제: 문화의 자생적 질서(*Literature and the Economics of Liberty: Spontaneous Order in Culture*)』(2009)라는 저술에서 자유주의 경제학 방법론을 문학 비평에 적용했다. 그는 문학은 인간의 자유, 자발성, 창조성을 가장 잘 반영하고, 위대한 문학 작품들은 트렌드에 저항하고 틀을 깬다고 주장하는데, 그래서 처음 등장할 때는 기존의 문학 규범을 어겼기 때문에 대단히 난삽해 보이지만 시간이 지나 친숙해지면 그 작품들의 내적 논리가 드러난다고 설명한다. 궁극적으로 인간은 자유로운 존재이며 문학은 그런 자유를 반영한다는 이 책의 주장은 오스트리아 학파가 주로 경제학 분야에서 주창했던 자유 지상주의를 문학에 적용한 것이다.

이렇게 다양한 분야에 대해 연구해 왔지만, 캔터의 연구는 무엇보다 셰익스피어에 집중되어 있다. 셰익스피어 로마 비극을 연구한『셰익스피어의 로마(*Shakespeare's Rome*)』(1976),『셰익스피어의 로마 3부작: 고대 세계의 여명(*Shakespeare's Roman Trilogy: The Twilight of the Ancient World*)』(2017)에서 캔터는 셰익스피어가 로마 비극에서 단순히 주인공에 초점을 둔 것이 아니라 정치 공동체에 초점을 두고 어떻게 로마 공화정이 몰락하고 제정이 형성되는지를 탐구하고 있다고 주장한다. 특히 기독교의 출몰과 로마 제국과의 관계를 논한다. 서구 사회에 기독교의 출현이 가져온 변화와 혼란은 캔터의 집요한 관심사이다. 이에 따라 청소년용 가이드북인『햄릿(*Hamlet*)』(1989)에서도 그는 햄릿을 이교도적 영웅과 기독교적 영웅 개념 사이에서 분열된 존재로 해석했다.

옮긴이 해설

삶의 두가지 양식에 끼인 존재의 비극성

권오숙

이 책의 저자 폴 A. 캔터(Paul A. Cantor; 1945-)의 연구 범위는 참으로 다양하다. 그는 셰익스피어를 비롯하여 크리스토퍼 말로우(Christopher Marlowe), 벤 존슨(Ben Jonson) 같은 르네상스 작가들은 물론이고, 제인 오스틴(Jane Austin), 오스카 와일드(Oscar Wilde), H. G. 웰스(H. G. Wells), 사무엘 베케트(Samuel Beckett), 살만 루시디(Salman Rushdie)에 이르는 근현대 작가들에 대해서도 폭넓게 연구를 진행해 왔다. 뿐만 아니라 낭만주의, 신역사주의 같은 문예사조나 문학비평에 대한 여러 연구 업적들을 남겼으며, 현대 대중문화 비평에도 주목할 만한 저서들을 출간해 왔다. 한국에도 소개된 〈길리간의 섬(Gilligan's Island)〉, 〈스타 트렉(Star Trek)〉, 〈심슨 가족(The Simpsons)〉, 〈X 파일(The X-Files)〉 같은 미국의 TV 프로그램에 관한 연구서인 『풀려난 길리간: 세계화 시대의 대중문화

(Gilligan Unbound: Pop Culture in the Age of Globalization)』(2003)는 미국 문화에 관한 비평서 중 탁월한 역작으로 평가받았으며, 2012년에도 『대중문화 속 보이지 않는 손: 미국 영화 및 TV 속 자유 vs 공권력(*The Invisible Hand in Popular Culture: Liberty vs. Authority in American Film and TV*)』이란 대중문화 비평서를 출간하기도 했다.

캔터는 한편으로 스위스 제네바 출신의 루드비히 폰 미제스(Ludwig von Mises)를 중심으로 한 오스트리아 학파(Austrian School, 자유 지상주의 학파, 혹은 자유주의 경제학파)의 일원이기도 한데, 스테판 D. 콕스(Stephen D. Cox)와 공동 집필한『문학과 자유경제: 문화의 자생적 질서(*Literature and the Economics of Liberty: Spontaneous Order in Culture*)』(2009)라는 저술은 자유주의 경제학 방법론을 문학비평에 적용한 것이었다. 거기서도 그는 문학은 인간의 자유, 자발성, 창조성을 가장 잘 반영하고, 위대한 문학 작품들은 트렌드에 저항하고 틀을 깬다고 주장한다. 그래서 처음 등장할 때는 기존의 문학 규범을 어겼기 때문에 대단히 난삽해 보이지만 시간이 지나 친숙해지면 그 작품들의 내적 논리가 드러난다고 설명한다. 궁극적으로 인간은 자유로운 존재인데 문학은 그런 자유를 반영한다는 이 책의 주장은 오스트리아 학파가 주로 경제학 분야에서 주장했던 자유 지상주의를 문학에 적용한 것이었다.

이렇게 다양한 분야에 대한 연구를 하였지만 캔터의 연구는 무엇보다 셰익스피어에 집중되어 있다. 청소년 시절 『줄리어스 시저(*Julius Caesar*)』 연극에 출연했을 때 그 극을 꼼꼼히 분석하면서 셰익스피어에 대한 관심을 갖게 되었다는 캔터는 무엇보다 셰익스피어 로마 비극에 관심이 많다. 그로부터 셰익스피어 로마 비극 연구의 이정표가 된 『셰익스피어의 로마(*Shakespeare's Rome*)』(1976)가 탄생한 셈인데, 그 책에서 캔터는 『코리오레이너스(*Coriolanus*)』, 『줄리어스 시저(*Julius Caesar*)』, 『안토니와 클레오파트라(*Antony and Cleopatra*)』, 이 세 편의 로마 비극을 면밀히 분석하였다. 그리고 2017년 그는 다시 로마 비극 연구서를 출간했다. 『셰익스피어의 로마 3부작: 고대 세계의 여명(*Shakespeare's Roman Trilogy: The Twilight of the Ancient World*)』에서 그는 셰익스피어가 로마 비극에서 단순히 주인공에 초점을 둔 것이 아니라 정치 공동체에 초점을 두고 어떻게 로마 공화정이 몰락하고 제정이 형성되는지를 탐구하고 있다고 주장한다. 특히 기독교의 출몰과 로마 제국과의 관계를 논한다.

이렇듯 서구 사회에 기독교의 출현이 가져온 변화와 혼란은 캔터의 집요한 관심사인 것 같다. 청소년용 가이드북인

『햄릿(*Hamlet*)』(1989)에서도 그는 햄릿을 이교도적 영웅과 기독교적 영웅 개념 사이에서 분열된 존재로 해석했다. 특히 복수라는 임무에 부딪혔을 때 이 두 개의 서로 다른 삶의 태도가 정반대의 반응을 지시한다고 말한다. 이런 캔터의 주장에서는 헤겔의 비극론의 영향을 엿볼 수 있다. 아리스토텔레스는 『시학』에서 비극이 "연민"과 "공포"라는 감정을 불러일으키는 효과를 강조하면서 도덕, 정치 같은 예술 밖의 기준보다는 그런 효과를 유발시키는 예술적 가치를 강조했다. 이에 비해 헤겔은 『미학 강의(*Lectures on Aesthetics*)』에서 비극의 핵심을 여러 인륜적 가치들 간의 충돌로 보았다. 헤겔에게 있어 비극은 두 가지 중요한 입장이 만들어 내는 갈등인데 이 중 하나의 입장에서 행동하다 보면 다른 입장에서는 죄를 범하게 된다. 결국 이 갈등은 주인공의 몰락으로만 해결될 수 있다고 헤겔은 본다. 헤겔의 비극론은 역사 속 비극들을 통찰하는 가운데 비롯된 것으로 이런 비극은 주로 패러다임의 변화 중에 발생한다는 것이다.

　바로 이 책의 내용을 이루는 본 강연에서 캔터는 『맥베스』를 유사한 관점에서 분석하고 있다. 그는 이 극이 스코틀랜드에 기독교가 전파되고 있는 상황에서 이교도 전사 맥베스가 새로운 기독교 사상에 의해 어떻게 혼란을 겪고 분열되는지를 보여주는 극이라고 해석한다. 그래서 "셰익스피어는 영웅 전사의 가치관과 하나님의 절대적 진리 사이의 갈등으로 비극 『맥베스』를 전개해 나간다"고 주장한다.

스코틀랜드에 기독교가 처음 전파된 것은 로마제국의 영국 점령기인 5세기부터 시작되어 거의 10세기까지 기독교화가 진행되었는데 맥베스는 11세기의 인물이다. 이즈음이 바로 스코틀랜드의 복음화가 완결되는 시점인 것이다. 캔터는 극의 마지막에 맬컴 왕자가 영국 군대의 도움으로 맥베스 반란을 진압한 뒤 공신들에게 "공작" 작위를 내리는 것을 지적하며 이는 스코틀랜드가 영국화되었음을 뜻한다고 말한다. 그리고 맥베스가 새로운 종교인 기독교를 경멸했지만 그의 왕권찬탈은 궁극적으로 야만스런 중세 족장들의 공동체 사회가 기독교 국가인 영국의 도움으로 복음화 과정을 완결 짓게 만드는 역설을 불러왔다고 주장한다.

캔터는 『맥베스』에서 이교도 전사 영웅 맥베스가 어떻게 자신도 모르게 기독교에 영향을 받아 혼란을 겪고 분열되는지를 꼼꼼하게 분석한다. 기독교가 맥베스에게 끼친 영향은 아주 다양하다. 캔터가 지적하고 있는 것을 정리해 보면 아래와 같다.

첫째, 맥베스는 반(反)기독교적 행동을 하지만 그런 행동을 하는 가운데 독백을 통해 인간 행동의 도덕적 차원을 인식하고 양심과 싸운다. 맥베스는 전사로 남아 있고 새 종교의 온유를 경멸하면서도 자신의 의지에 반해 은밀히 그것에 영향을 받고 그 종교의 가르침을 받아들이고 있다. 맥베스가 "내세"에 대해 생각한다는 사실만 봐도 그가 이교도 영웅에서 달라졌음을 알 수 있다. 던컨 살해에 대한 고뇌에 찬 반응에서도 볼 수 있듯이, 맥베스는 도덕적으로 행동하지는 않지만 적어도 인간 행동의 도덕적 차원을 인식하고 있다. 기독교에 노출됨으로써 그의 영혼에서는 분열이 일어났고, 이제 막 생기기 시작한 양심과 싸우는 아주 풍부한 심리적 내면을 지닌 인물을 보여준다. 그리고 그것이 맥베스를 대단히 비극적 인물로 만들어 준다.

둘째, 맥베스가 기독교에서 배운 것은 이교도 가치관의 일시성에 대한 경멸과 영원성에 대한 찬양이다. "단명하는 촛불"과 "주어진 시간 동안 무대 위에서 거들먹거리고 돌아다니거나 종종거리고 돌아다니지만 얼마 안 가서 잊히는" "처량한 배우"에 대한 그의 경멸은 그가 기독교를 통해 지니게 된 일시적인 것에 대한 경멸을 보여주는 대사이다. 맥베스가 죽기 직전에 "내가 왜 로마 바보 역을 하며 내 자신의 칼로 죽어야 한단 말인가?"(5막 8장 1-2행)라고 말하며 자살을 거부하는 장면도 그런 변화의 예로 들고 있다. 로마인들이 자살을 하는 것은 명예가 생명보다 더 소중하고 불명예 속에 사느니 자살을 하는 것이 낫다는 신념 때문인데, 기독교 사상가들에게 이런 신념은 명예라는 일시적인 세속적 가치를 불멸의 영혼의 가치보다 우위에 둔 이교도 허영심의 예이다. 그런데 맥베스는 이교도 영웅주의에 대한 기독교식 비판을 받아들여 그런 이교도의 어리석음을 거부한다.

셋째, 맥베스가 던컨 왕을 시해하고 왕위에 오른 뒤에도 만족하지 못하는 모습에서 그가 기독교의 구원과 유사한 상태인 완전무결함과 하나님의 전지전능함, 그리고 영원성을 갈망함을 알 수 있다고 캔터는 주장한다. 스코틀랜드의 왕이 되어서도 "이리 된들 아무것도 아니다. 안전이 보장되지 않는다면"(3막 1장 47-48행)이라고 맥베스는 말한다. 세 마녀들은 맥베스의 무한한 욕망을 일깨우고 전지전능해지고 싶어 하는 그의 희망에 호소하여 그가 초자연계와 연합하려 하게끔 만든 것이다. 그리고 맥베스는 그들이 말한 내용을 바로 전지전능하고 무적이길 바라는 자신의 희망이나 욕망에 따라 해석한다.

넷째, 그래서 맥베스는 일시적인 존재인 자연을 경멸하면서 초자연적 존재(마녀와 그들의 예언)에 매달리게 된다. 마녀들과 조우한 뒤부터 맥베스는 점점 초자연적 세력에 집착하게 되고 자연계를 경멸하게 된다. 부분적으로 이런 변화는 영원한 것을 추구하는 맥베스가 세상의 모든 일시적인 것들, 즉 자연계 자체를 경멸한다는 사실을 보여주기도 한다. 그러나 그것보다 더 중요한 것을 캔터는 지적한다. 자연의 질서라는 개념이 그들이 어떻게 행동해야 할지를 규정하고 그들의 행동에 제약을 주기 때문에 폭군은 자연 자체와 불화를 겪게 된다. 맥베스의 폭군 같은 정신은 자연이 인간의 행동에, 특히 인간의 욕망에 제동을 거는 것을 참을 수 없는 것이다.

다섯째, 마녀들이 맥베스에게 가르친 것은 결국 섭리에 대한 가르침이다. 그들의 예언이 맥베스에게 지상의 일들은 더 높은 차원의 세력의 지배를 받는다는 일종의 종교적 가르침 같은 것을 깨닫게 한다. 극 초반에 맥베스는 전쟁터에서 이기느냐 지느냐는 대체로 자신이 용감하게 싸우냐 아니냐에 달려 있다는 식의 호메로스의 영웅들과 같은 믿음을 지니고 있었다. 그러나 세 마녀는 이런 맥베스의 신념을 무너뜨리고 그에게 초자연적 도움에 의존하게끔 만든다. 그리고 맥베스는 만약 운명이 이미 정해져 있는 거라면 자신의 행동의 옳고 그름을 따질 필요가 없다고 생각하게 된다. 마녀들이 불러낸 환영을 통해 자신은 불패한다고 확신하게 된 맥베스는 모든 양심을 거부하고 잔인한 폭력을 휘두른다.

맥베스에게 끼친 기독교의 영향들을 이렇게 세밀하게 정리한 뒤 결론적으로 캔터는 기독교의 영향이 이교도 전사에게 미친 이 아이러니한 결과를 두 세계의 요소들을 결합한 이상한 혼종이라고 판단한다. 맥베스의 경우에 기독교가 이교도 정신의 잔인함을 약화시켜 주기는커녕 역설적이게도 오히려 그것을 더 불러일으켰다. 맥베스의 이교도 정신에 기독교의 절대주의와 영원성 개념이 혼종 되어 그를 더 잔인하고 유혈적인 인물로 변화시킨 것이다.

캔터는 맥베스뿐만 아니라 던컨 왕에 대해서도 같은 방식으로 분석하고 있다. 즉 직접 전투에 참가하지 않고 귀족들에게 의존적인 던컨에 대해 아직 기독교화되지 않은 국가에서 기독교 군주처럼 행동하고 있다고 캔터는 지적한다. 또한 던컨이 마치 유럽 세습군주제 왕인 양 장남인 맬컴 왕자를 컴버랜드 공으로 지명하여 스코틀랜드의 다음 왕으로 임명한 행동도 같은 맥락에서 이해해야 한다고 말한다. 스코틀랜드 역사에서 던컨 왕은 태니스트리 제도(tanistry; 켈트인의 족장 후계자 선정 제도)를 장자 상속제로 바꾼 최초의 군주이다. 그런 던컨 왕은 맥베스처럼 기독교식 군주 개념과 원시 군주 개념 사이에 비극적으로 끼어 있는 것이다.

캔터의 강연은 꽤 긴 편인데도 처음부터 끝까지 하나의 논리에서 흐트러짐이 없다. 즉 이교도와 기독교 문화 사이에서 등장인물들이 어떻게 혼란을 겪고 분열되는지를 텍스트의 작은 결들 하나하나까지 놓치지 않고 분석해 낸다. 비단 이 강연에서만이 아니다. 셰익스피어 작품을 하나같이 같은 틀에서 분석하고 있다. 즉, 캔터는 셰익스피어가 그리고 있는 모든 비극적 주인공들은 역사 전환기에 끼인 존재들로 이전과는 전혀 다른 생활방식, 혹은 가치관의 출현에 직면해 정반대인 두 가지 삶의 방식에서 비극적 선택을 하게 된다고 본다. 그는 셰익스피어에 대해 쓴 많은 그의 저술에서 일관성 있게 이런 주장들을 해왔다. 『셰익스피어의 로마』에서는 로마가 공화정에서 제국으로 변화하는 역사적 전환기의 갈등을 그렸고, 『햄릿』 해설서에서는 햄릿이 고전적 복수관과 기독교적 복수관 사이에서 갈등을 겪는 인물이라고 주장한다.

그러나 『맥베스』를 그런 틀에서만 보려는 그의 분석에 무리한 부분이 전혀 없는 것은 아니다. 예를 들어 맥베스가 패러다임의 전환기에 두 가치관 사이에서 분열을 겪는다는 주장은 타당하지만, 마녀들을 반기독교적 존재라고 명명하면서도 그들의 예언까지 기독교가 맥베스에게 끼친 영향을 설명하는

데 동원하는 것은 다소 무리해 보인다. 오히려 이들을 자기도 모르게 기독교 사상에 영향을 받아 완전무결함과 전지전능함을 소망하게 된 맥베스가 자신의 그런 어리석은 소망을 이루고자 거래하는 이교도적 악마로 해석하는 것이 더 합당해 보인다. 마치 무한한 지식욕에 악마와 거래하는 파우스트 박사처럼 말이다.

한편으로 역사적 맥락에서 작품을 분석한 캔터는 자신의 연구가 이른바 신역사주의와는 다르다고 선을 분명히 긋는다. 신역사주의자들은 셰익스피어가 당대의 지배적 담론이나 통치 이데올로기에 함몰되어 왕권을 신비화하고, 지배 세력의 담론들을 확산하고 강화시켰다고 주장하면서 셰익스피어를 자기 시대의 역사적 편견에 사로잡힌 작가라고 주장한다. 그런 주장을 통해 신역사주의자들은 벤 존슨이 말한 것처럼 셰익스피어가 "한 시대가 아닌 만세(萬世)를 위한 작가"이고 그의 작품들이 보편성을 지니고 있다는 사실을 부정한다.

특히 『맥베스』는 제임스 1세의 처남인 덴마크 국왕 크리스천 4세가 영국을 방문했을 때 궁정에서 초연된 것으로 알려져 있다. 그래서인지 이 극은 제임스 1세의 조상인 뱅쿠오와 관련된 스코틀랜드의 역사를 다루고 있고, 제임스 1세가 지대한 관심을 가졌다고 하는 마녀가 등장한다. 그런가 하면 작품

161

속 영국 왕 성(聖) 에드워드 증거자의 기적적 치유술과 예언력에 대한 묘사에서는 제임스 1세의 통치 이데올로기인 왕권신수설을 연상시킨다. 그래서 신역사주의자들은 이 극을 제임스 왕가를 위해 집필하고 그의 정치학을 극화한 것이라고 주장한다.

캔터는 이런 신역사주의자들의 주장과는 달리 셰익스피어가 자신만의 역사관을 갖고 특정 역사적 상황에 빠진 비극적 인물들을 그려냈다고 주장한다. 그리고 이런 작품들에서 셰익스피어가 자기 시대와 거리를 두고 역사적 대안들을 생각했기 때문에 그의 극들이 당대의 편협한 역사관을 보여주는 것은 아니라고 말한다. 하지만 '왕권 찬탈자의 비참한 파멸'이라는 주제, 제임스 1세의 조상과 관련된 역사라는 소재, 제임스 1세의 관심사인 마녀들의 등장, 제임스 1세가 강력히 주창한 왕권신수설 이념을 담고 있는 수많은 대사 등을 놓고 볼때 신역사주의자들의 주장을 전면 부인하기란 어려워 보인다. 왕의 후원을 받는 왕의 극단(King's Men)의 레퍼토리 작가였던 셰익스피어가 제임스 1세의 어전에서 그의 처남인 덴마크 국왕 크리스찬 4세의 영국 방문을 축하하기 위해 공연한 이 극에서 취했을 정치적 입장은 불 보듯 뻔하다. 왕의 비위를 맞추는 것은 불가피했을 것이다.

하지만 역자도 셰익스피어가 보수적으로 지배 이데올로기를 강화하고 확산했다는 신역사주의자들의 주장에 전적으로 동의하는 것은 아니다. 「맥베스의 패러독스와 셰익스피어의 정치성」(2003)이란 논문에서 역자는 마녀들의 "아름다운 것은 추한 것이요, 추한 것은 아름다운 것이다(Fair is foul, foul is fair)"(1막 1장 11행)라는 대사를 비롯한 이 극의 수많은 역설적 대사들에 주목하여 셰익스피어가 제임스 1세가 좋아할 만한 표면적 주제─왕권의 신성과 정통성─를 패러독스라는 언어 전략에 의해 은밀히 해체하고 있다고 주장한 바 있다. 마치 표면적 언어와 이면의 내용이 달라 해석과 정의가 애매모호한 마녀들의 언어처럼 셰익스피어가 외형적인 주제 이면에 그 주제를 해체적으로 재정립하는 언어 전략을 사용하여 애매모호한 정치적 입장을 취하고 있다고 본 것이다. 셰익스피어가 의도적으로 (아름다운 존재라고 그리고 있는 듯한) 정통 왕권도 결국 극 초반의 맥베스의 역모 진압 모습처럼 잔인한 유혈에 의존해 유지되는 것임을 드러낸 점에서도 그의 정치적 입장이 단순히 체제 지향적이고 보수적인 것만은 아님을 알 수 있다.

게다가 캔터는 집요하게 셰익스피어 비극에서 삶의 두 가지 양식 사이에서 비극적 선택을 해야 하는 일관된 구조를 읽어냄으로써 신역사주의자들이 폄훼한 셰익스피어의 "보편성"을 복원해 낸다. 자본주의와 물질주의가 지배하는 세상을 살고 있는 현대인들도 물질적 추구냐, 정신적 풍요냐 사이에서 끝없이 분열되고 때로는 물질적 욕망을 좇다 비극적 선택을 하기도 한다. 나약하고 어리석은 인간이기에 우리는 셰익스피어 주인공들처럼 오늘도 삶의 두 가지 양식에 끼어 방황하고 있다. 역자도 예외는 아니다. 그런 점에서 셰익스피어의 작품들은 400년이 지난 오늘날에도 우리의 모습을 비추어볼 수 있는 거울인 것이다.

캔터의 글은 그 주장의 치밀함과 논리성에도 불구하고 매우 평이하고 명료하다. 그동안 현대 비평에 기반을 둔 수많은 난삽한 논문들을 고뇌하며 읽다가 오랜만에 쉬이 공감하며 읽을 수 있는 글이었다. 따라서 번역을 함에 있어 더할 나위 없이 즐거웠다. 쓸데없이 꼬임이 없고 현학적이지는 않으나 역사, 철학, 비평 등 폭넓은 지식이 저변에 깔려있는 글이었다. 따라서 필요하다고 느껴질 때마다 그 저변 설명을 역자 주로 덧붙였다. 『맥베스』 작품에 대한 논의에서 설명이 필요하다고 느껴질 때도 작품에 대한 설명을 덧붙였다. 이 번역이 "『맥베스』라는 작품이 지닌 수수께끼와 역설들을 충분히 설명하지 못할 테지만 …… 기독교가 북유럽의 이교도 세계에 침투했던 먼 과거의 한 순간에 대한 역사적 고찰을 함으로써 이 작품에 새로운 빛을 비추었기를 희망한다"는 캔터의 주장처럼, 그런 역할을 해주기를 고대한다.

셰익스피어 작품 소개

"기뻐할지어다. 나의 영국이여.
그대는 모든 유럽의 연극 무대가
경의를 표해 마지않을 한 작가를 가졌으니,
그는 한 시대의 인물이 아니라, 만세(萬世)의 인물인지고!"

_ 벤 존슨(Ben Jonson)

셰익스피어의 독자들이 먼저 알아두어야 할 것은, 시집을 제외한 그의 희곡들은 어디까지나 '공연'을 위해 집필된 대본이며, 때문에 희곡의 온전한 의미는 무대 위에서만 실현될 수 있다는 점이다. 물론 이에 대해선 다른 의견도 있다. 셰익스피어의 희곡 대사는 밀도가 높고 복잡하여 당시의 관객이 처음 듣고는 이해하지 못할 정도였다는 점에서, 그가 텍스트의 독자를 염두에 두고서도 작품을 썼을 거라는 추정이 그것이다. 예를 들어『헨리 5세』와『햄릿』의 4절판과 2절판의 분량 차이는 상당한데, 2절판『햄릿』은 공연하려면 4시간이 걸린다. 이는 실외에서 서서 보기엔 긴 시간이 아닐 수 없다. 한마디로 셰익스피어는 그의 희곡을 나중 텍스트로 읽게 되는 독자를 염두에 두었을 거란 의미이다.

어쨌든 셰익스피어는 극 중의 인물이 하는 행위를 명확히 전달하기 위해 극적인 언어를 때로는 간결하게 때로는 복잡한 혹은 의도적으로 어려운 언어를 특유의 운문과 산문의 형태로 구사했다. 여기서는 셰익스피어의 희곡들을 세 장르로 분류하여 소개하고 시집을 덧붙였다. 이는 1623년판 제1이절판 편집자인 존 헤밍과 헨리 콘델이 셰익스피어의 희곡들을 희극(코미디), 사극, 비극으로 나눈 것과 같다. 나중이 세 분류에 더하여 로망스(romances)가 추가되기도 하지만 여기서는 복잡한 설명을 피했다. 각 희곡들이 실제 처음 쓰인 시기에 대해서도 모두가 동의하는 것은 아니며 잠정적인 것임을 밝혀둔다.

비극편

아리스토텔레스의 시학에 따르면, 비극이 관객들에게 적절한 효과를 발휘하려면 그러한 몰락이 반드시 고귀한 자리에서 굴러 떨어지는 몰락이어야 하고 주인공에게 의존하는 다른 사람들도 피해를 보아야 한다. 비극에서 운명은 일정한 역할을 할 수도 있지만, 주인공의 몰락은 반드시 그 자신의 개인적인 판단 착오 내지 거기에 따른 잘못된 선택에 기인하는 것으로 세상의 조건에 대한 불완전한 이해 때문에 파멸되는 것이어야만 한다. 그런데 이러한 비극은 헤겔에 따르면 거대한 역사적 변화들이 빚어내는 갈등의 시기에 생겨난다.

셰익스피어는 중세에서 근대로 넘어가는 과도기의 역사적 순간에 비극 작품들을 썼다. 비극의 주요 인물들은 더 이상 안전한 토대가 없는 세계에서 충돌하는 격변기의 내적 모순과 가치관의 갈등 속에서 비극적 선택을 한다. 비극은 인간의 고통을 이해하려는 시도이면서 동시에 사회 안에서 권력이 어떻게 작동하는지를 보여준다. 문제는 셰익스피어가 진정 비극을 통해 세계와 권력과 인간에 대해 무엇을 말하고자 했는가라는, 비극의 정치성(현재성)에 대한 해석일 것이다. 여기서는 아놀드 하우저(Arnold hauser)의 『문학과 예술의 사회사(Sozialgeschichte der Kunst und Literatur)』에 나오는 문장을 인용해 둔다. "셰익스피어가 군주제나 시민계급 또는 프롤레타리아트에 대해서 어떻게 생각하고 있었던지 간에, 그 자신이 그처럼 많은 이득을 보았던 국가적 흥륭과 경제적 번영의 시기에도 비극적인 세계관과 깊은 비관주의를 작품 속에 표현했다는 사실은 그것 하나만으로도 그의 강한 사회적 책임감과 세상일들이 그렇게 다 잘 되어가고 있는 것만은 아니라는 그의 확신을 잘 알 수 있다. 그는 확실히 혁명가나 투사형의 타입은 아니었다. 하지만 마치 발자크가 시민계급의 심리를 폭로함으로써 자신이 원하지도 생각지도 않게 근대 사회주의의 선구자의 한 사람이 되었듯이, 셰익스피어 또한 건강한 합리주의를 통해 봉건 귀족의 재등장을 저지시켰던 사람들의 대열에 섰던 것이다."

『타이터스 앤드로니쿠스(*Titus Andronicus*)』

1593년경에 쓴 초기 비극으로 고대 로마를 배경으로 하고 있다. 로마 비극 작가 세네카(Seneca)의 영향을 가장 많이 보여주는 잔인한 유혈 복수극이다. 로마의 대장군 타이터스 안드로니쿠스가 자신의 딸을 능욕한 고트족의 왕자들에게 복수하는 내용이다. 강간, 신체 절단, 인육 요리 등 선정적 내용들이 많이 들어있다.

『로미오와 줄리엣(*Romeo and Juliet*)』

1594년에 초연된 『로미오와 줄리엣』은 반델(Bandell)이 이탈리아어로 쓴 것을 아서 브룩(Arthur Brooke)이 1562년에 영역한 『로메우스와 줄리엣의 비극적 전기(*Tragicall Historye of Romeus and Juliet*)』를 원전으로 하여 쓴 비극이다. 이 극은 초기 비극으로 후기의 4대 비극과 달리 주인공들의 비극적 성격으로 인해 비극이 발생하는 것이 아니라 타고난 환경과 운명의 장난에 의해 주인공들이 비극에 빠지는 '운명 비극'이다. 로미오와 줄리엣은 원수 집안의 자제들끼리 운명의 장난처럼 서로 첫눈에 반한다. 그렇게 그들의 사랑은 시작부터 불운의 싹을 잉태하고 있었다. 게다가 로미오가 뜻하지 않게 줄리엣의 사촌 오빠를 살인하게 되는가 하면, 줄리엣의 가짜 죽음을 전하는 사자(使者)가 로미오에게 닿지 못하는 등 계속되는 우연으로 사랑이 어긋나기만 한다. 결국 이러한 짓궂은 운명의 장난으로 사랑이 좌절된 두 연인은 자살하고 만다. 이 극은 사랑 이야기의 대명사로 대단히 많은 인기를 누렸다. 하지만 후기 비극들에 비해 플롯의 진행에 운명적 요소에 너무 많이 의존하여 운명 비극에서 더 나아가지 못한다. 따라서 아직 인물의 성격적 결함으로 인한 비극성은 보이지 않는다.

『줄리어스 시저(*Julius Caesar*)』

1599년에 집필된 이 극은 플루타르코스의 『영웅전』을 원전으로 하여 쓴 로마 사극으로 시저가 정적인 폼페이우스를 제거하여 정치가로서 권력의 정상에 올랐을 때 브루투스 등에게 암살당하는 내용을 다룬 것이다. 하지만 이 극은 시저보다는 시저 암살에 가담한 로마의 이상주의 정치가 브루투스에 초점이 맞춰져 있다. 시저는 극의 전반부에서 암살되고, 극의 주요 내용이 시저가 암살되는 사건을 전후로 브루투스가 겪는 심리적 갈등과 고민을 다룬다. 그래서 사극보다는 비극으로 분류된다.

『햄릿(*Hamlet*)』

4대 비극 중 가장 먼저 1601년에 집필된 『햄릿』은 삭소 그라마티쿠스(Saxo Gramaticus)의 『덴마크의 역사(*Historae Danicae*)』와 작자 미상의 극 『원 햄릿(*Ur-Hamlet*)』을 원전으로 삼아 쓴 극이다. 셰익스피어의 4대

비극 가운데서도 최고의 작품으로 손꼽히는데 그것은 이 극이 인간의 가장 보편적인 주제인 삶과 죽음의 본질에 대해 이야기하고 있기 때문이다. 중세 때부터 덴마크 사람들에게 전해 내려오던 슬픈 왕자의 전설을 소재로 한 극이다. 동생에 의한 형의 살해, 그 동생과 형수의 근친상간적 결합 등의 부조리한 일들이 벌어지는 세상에서 섬세한 감수성을 지닌 주인공이 염세주의에 빠진 채 아버지의 복수를 지연하면서 실존적 고뇌를 거듭하는 극이다. '약한 자여, 그대 이름은 여자니라!', '인간은 만물의 영장', '사느냐 죽느냐, 그것이 문제로다' 등 지금도 많은 사람들에게 회자되는 명문들의 보고(寶庫)이다. 한편으론 죽음에서 돌아온 아버지의 유령이 중세적인 복수를 요구하지만 햄릿의 근대적인 생각은 이를 받아들일 수 없다. 다른 한편으론 근대 국가의 이념을 신봉하지만 국가 자체가 병들고 부패했을 수 있다. 이 두 가지 사이에서 이러지도 저러지도 못하는 고뇌는 그를 비극적 인물이 되게 한다.

『트로일러스와 크레시다(*Troilus and Cressida*)』

1602년경에 호메로스의 『일리아드』와 초서의 서사시 『트로일러스와 크리세이드』를 원전으로 하여 쓴 극이다. 트로이 전쟁을 배경으로 크레시다가 트로이 왕자 트로일러스의 사랑을 배신하는 이야기이다. 이 극은 처음에는 역사극으로 분류되었지만, 지금은 비극으로 분류되고 있다.

『오셀로(*Othello*)』

1604년에 초연된 『오셀로』는 이탈리아의 지랄디 친디오(Giraldi Cinthio)가 쓴 『백 개의 이야기』 중 제3권 제7화 '베니스의 무어인'을 원전으로 삼아 쓴 비극이다. 베니스와 사이프러스 섬을 배경으로 무어인 장군 오셀로가 악인 이아고의 무고에 의해 아내의 정조를 의심하여 살해하는 이야기이다. 이 극에서 질투심이라는 병리적 심리가 별 근거도 없이 의심을 키워 나가고 고귀한 이성의 소유자였던 오셀로를 광기에 몰아넣고 급기야 살인마로 만드는 과정이 그려진다. 지금까지의 비극과 달리 『오셀로』는 충성심 같은 공적인 문제가 아닌 개인 가정의 갈등을 다루고 있다. 이 극은 다문화 가정의 비극으로 오셀로가 질투심으로 인해 광기에 사로잡히는 데는 흑인 용병인 그가 베니스 사회의 타자라는 점도 한몫을 한다.

『리어 왕(*King Lear*)』

1604년에서 1605년 사이에 초연된 것으로 알려진 『리어 왕』은 홀린셰드의 『영국, 스코틀랜드, 아일랜드의 연대기』 중 브리튼 편에 수록된 '리어 왕의 전기'와 1594년에 상연된 바 있는 작자 미상의 『리어 왕(*King Leir*)』을 원전으로 하여 쓴 작품이다. 이 극은 위선적인 딸들의 거짓 사랑을 믿고 권력과 재산을 물려준 뒤 비극적 파멸을 맞는 늙은 왕의 이야기이다. 리어 왕은 권력을 잃어버리고 나서야 왕권의 실체를 알게 되었다. 권력은 개인적인 미덕과는 전혀 관계가 없었다. 권력이 없다면 사랑도 없다. 그것이 리어 왕의 영국이 갖고 있는 권력 구조의 실체였던 것이다. 비록 기원전 8세기 브리튼의 전설적인 왕 리어의 이야기지만, 극 속에서 다루고 있는 상황은 중세 봉건 귀족 사회에서 근대 자본주의 사회로 전이되는 르네상스기 영국의 과도기적 혼란 세태이다. 셰익스피어는 이 극에서 사회 경제적 대변혁기의 갈등과 가치관의 혼란을 잘 보여준다. 셰익스피어의 극 중 감정의 격렬함이나 비극성이 가장 장대한 것으로 알려진 이 극은 스타일 면에서 주 플롯과 부 플롯, 두 개의 플롯이 아주 미학적으로 구성되어 있다. 부 플롯에서 리어 왕의 충신인 글로스터 백작은 리어 왕과 마찬가지로 어리석은 판단력으로 서자 에드먼드의 비열한 권모술수에 속아 적자 에드가를 내치고 온갖 수난을 당한다. 이렇게 글로스터의 부 플롯은 리어의 주 플롯과 긴밀한 상호연계 속에서 주제를 변주하며 그 주제를 심화시켜 준다.

『맥베스(*Macbeth*)』

권력이라는 헛된 야망에 이끌린 맥베스가 왕을 시해하고 왕위를 찬탈하는 과정과 그것이 초래한 비극적 파멸을 그린 이 극은 라파엘 홀린쉐드의 『영국, 스코틀랜드, 아일랜드의 연대기』 중 스코틀랜드편의 '맥베스 전기'를 원전으로 하여 1606년경에 쓴 작품이다. 제임스 1세의 처남인 덴마크 국왕 크리스첸 4세가 영국을 방문했을 때 궁정에서 초연된 것으로 일각에서는 이 극이 제임스 1세의 통치 이데올로기인 왕권신수설을 극화한 것이라고 주장한다. 하지만 셰익스피어는 이 극에서 정치 문제 자체에 대한 관심보다는 역사적 전환기에 두 가치사이에서의 갈등과 비극적 선택이 갖는 정치성을 다루고 있으며, 인간의 양심과 도덕적 갈등 등 인간적 삶의 딜레마를 집중적으로 다루고 있다. 셰익스피어의 비극 중 가장 짧고(2,082행), 내용이 대단히 빠르게 전개되며, 마녀나 유령, 예언이나 마법 같은 초자연적 요소들이 많이 등장하는 것이 특징이다.

『아테네의 타이먼(*Timon of Athens*)』

1605-1608년 사이에 집필된 극으로 고대 그리스의 아테네를 배경으로 하고 있다. 역시 플루타르코스의 『영웅전』을 원전으로 하고 있다. 그리스 아테네의 대부호이자 명장이었던 타이먼 공은 사람들에게 베풀기를 좋아하여 결국 파산하고 만다. 하지만 그동안 그에게 신세를 졌던 수많은 사람들은 모두 그를 외면한다. 이에 인간에 대한 심한 혐오감에 사로잡힌 타이먼은 속세를 떠나 홀로 숲속에서 살다 죽음을 맞이한다. 이 극은 셰익스피어 생전에 단 한 번도 공연되지 않았다고 한다. 그것은 이 극이 분수에 맞지 않는 관용, 무분별한 낭비, 방탕한 사치 등에 대한 비난을 담고 있어 후원자가 없어 상연되지 못했을 것으로 여겨진다.

『안토니와 클레오파트라(*Antony and Cleopatra*)』

1607년에 초연된 이 극은 플루타르코스의 『영웅전』에 상당히 의존하여 완성된 로마 사극이다. 셰익스피어는 안토니의 성격과 클레오파트라의 성격뿐만 아니라 대사에도 플루타르코스의 글을 많이 차용했다. 그러다 보니 플롯상의 독창성은 상대적으로 떨어지지만 플루타르코스의 산문을 시적인 운문으로 절묘하게 옮겨 놓았으며, 클레오파트라와 안토니를 대단히 생동감 넘치는 인물로 살려 놓았다. 또한 사랑의 광상시라고 할 정도로 사랑의 격정에 휩싸인 두 주인공의 맹목적인 행로를 잘 그려냈다. 로마의 대장군이자 삼두 정치의 한 명인 안토니우스와 이집트 여왕 클레오파트라의 사랑을 다룬 극이다. 두 사람은 그 사랑으로 인해 로마와의 액티움 해전에서 패배한 뒤 자신들의 모든 권력과 명예, 부를 잃고 자살한다. 세상의 그 어떤 가치도 능가하는 사랑의 절대성이 이 극의 주제이다.

『코리오레이너스(*Coriolanus*)』

1607-1608년경에 플루타르코스의 『영웅전』을 원전으로 삼아 쓴 비극이다. 이웃 도시 코리올레스에 사는 볼스키 족이 로마를 침공해 왔을 때 그들을 정벌하는 큰 공적을 세워 코리오레이너스라는 명예스런 이름을 얻게 된 로마의 귀족 카이우스 마르티우스의 몰락을 다룬다. 코리오레이너스는 원로원 의원들에 의해 집정관에 추대되었으나 대단히 오만하여 시민들에게 옷을 벗어 전장에서 입은 상처를 보여주어야 한다는 관습을 따르지 않으려 했다. 그로 인해 추방 명령이 내려지자 분노에 사로잡혀 볼스키 족 장수가 되어 로마로 쳐들어 왔다. 결국 어머니의 설득으로 로마를 공격하지 않고 협정을 맺고 돌아간 뒤 볼스키 족에 의해 살해당한다. 셰익스피어는 이 극에서 군주제에서 공화정으로 넘어가는 과도기의 귀족과 민중의 갈등을 잘 보여주는 동시에 코리올레이너스라는 개인의 품성에 대한 탐구를 치밀하게 하고 있다.

희극편

셰익스피어는 후반기의 우울하고 비극적인 희곡에서도 때로는 의도적으로 웃음을 유발하기도 하지만, 그의 전반기에 해당하는 작품은 다수가 희극(코미디)으로 분류되는 것들이다. 희극을 규정하는 요소는 장애로 둘러싸인 사랑, 정체성에 대한 오해, 결혼과 연애에 있어 생겨나는 오해, 변장(이성의 옷을 입는 것을 포함하여) 등이다. 여기에는 남성과 여성의 관계, 사회 내 권력 관계와 관련하여 흥미로운 요소들이 발견된다. 비록 희극의 결말이 사회적 승인을 받는 안전한 결혼으로 끝맺지만 그 과정에서의 권위에 대한 저항은 셰익스피어 당시가 남성 주도 사회임을 생각하면 강력한 반란의 에너지가 잠재되어 있다.

『베로나의 두 신사(*Two Gentlemen of Verona*)』

1592-1593년경에 집필된 낭만 희극으로 전형적인 이탈리아식 애정 모험극이다. 절친한 프로테우스와 발렌타인이 밀라노 공작의 딸 실비아를 사이에 두고 연적 관계가 된다. 프로테우스에게는 줄리아라는 연인이 있었으나 실비아를 사랑하게 되면서 친구 발렌타인과 연인 줄리아를 배신한다. 우여곡절 끝에 발렌타인과 실비아, 프로테우스와 줄리아 두 쌍의 연인들은 서로의 잘못을 용서하고 원래의 짝과 행복하게 결합한다. 사랑과 우정, 계략과 음모가 줄거리의 전개를 복잡하게 만들지만 결말은 화해와 축복으로 맺어지는 낭만 희극(romantic comedies)의 전형적인 형식을 띠고 있는 초기작이다.

『말괄량이 길들이기(*Taming of the Shrew*)』

1592-1594년 사이에 쓴 이 극은 셰익스피어의 희극 중 가장 잘 알려져 있고 공연 무대에도 자주 오르는 극 중 하나로 천하의 말괄량이를 길들여 유순한 아내로 만든다는 내용이다. 현대의 양성 평등 사회의 정서에 어울리지 않음에도 불구하고 여전히 인기 있는 극인데 그건 아마 부부 간의 기(氣) 싸움을 통한 양성 간의 팽팽한 긴장과 언어배틀, 셰익스피어 특유의 재치 있는 말장난, 개성 있는 인물들의 생동감이 극 전체에 유쾌한 웃음과 활기를 부여하기 때문일 것이다. 셰익스피어의 작품 중 유일하게 서(序)극이 있는 극으로 『말괄량이 길들이기』라는 본(本)극은 서극 속 주인공 술주정뱅이 땜장이 크리스토퍼 슬라이(Christopher Sly)를 위해 공연되는 극중극이다.

『실수연발(*Comedy of Errors*)』

1594년에 쓴 초기 희극으로 플라우투스의 『메내크미(*The Menaechmi*)』를 원전으로 하여 쓴 것이다. 흔히 상황 희극(comedy of situation)이라고 하는 장르로서, 극중의 사건이 인물의 성격에 의해서가 아니라 쌍둥이 형제와 그들의 쌍둥이 하인으로 인해 벌어지는 소동을 그린 것이다.

『한여름 밤의 꿈(*A Midsummer Night's Dream*)』

1595년에 집필된 이 극은 셰익스피어 작품 중 시인의 상상력이 가장 발휘된 작품이다. 요정들의 환상적인 세계를 아주 세밀하게 묘사하고 요정들의 노래와 춤, 마법 등 낭만적이고 몽환적 내용으로 가득 찬 이 극은 요정들이 등장하여 사랑의 묘약으로 연인들의 사랑을 이루어 지게 한다는 한편의 꿈같고 환상적인 이야기이다. 게다가 이 극은 요정 왕 오베론(Oberon)과 요정 여왕 티타니아(Titania)의 사랑, 아테네 군주인 테세우스와 히폴리타의 사랑, 아테네 귀족 자제들의 사랑, 아테네 직공들이 공연하는 극중극 속 피라무스와 디스비의 사랑 등 서로 다른 계층에 속하는 연인들의 서로 다른 사랑 이야기가 대비를 이루며 사랑의 어려움과 이의 극복이라는 주제를 변주 혹은 확장하는 치밀한 극 구조로 이루어져 있다.

『베니스의 상인(*The Merchant of Venice*)』

1596-1597년 사이에 쓴 것으로 알려진 『베니스의 상인』은 바사니오(Bassanio)와 포오샤(Portia)의 낭만적인 사랑 이야기와 안토니오(Antonio)와 샤일록(Shylock)의 비정한 법정 이야기가 교묘하게 엮여 있는 희극이다. 그래서 이 작품은 남녀 간의 사랑이 주제인 낭만 희극으로 분류되기도 하고 정의, 법, 종교 등의 어두운 주제를 다루는 문제극으로 분류되기도 한다. 극의 배경도 냉엄한 생존 경쟁이 벌어지는 상업 도시 베니스와 사랑과 낭만의 섬 벨몬트로 나누어져 있다. 이 극은 유대인 샤일록을 둘러싸고 셰익스피어의 인종차별주의에 대한 논란이 계속되어 온 작품이다. 채무인 안토니오의 살 1파운드를 베고야 말겠다고 집요하게 계약 이행을 요구하는 인육 재판 장면은 세계 문학사상 가장 유명한 장면이다. 그래서 많은 비평가들이 셰익스피어가 이 극에서 기독교 사회의 타자라고 볼 수 있는 유대인 샤일록을 대단히 부정적으로 묘사하고 있다고 비난해 왔다. 하지만 셰익스피어는 당대

의 반유대주의 양상을 묘사하되 샤일록의 절규를 통해 비판적 시선
도 던지면서 일정 거리를 유지하고 있다.

『윈저의 즐거운 아낙네들(Merry Wives of Windsor)』

1597년경에 쓴 이 극은 『헨리 4세』에 등장했던 희극적 인물 폴스태
프를 주인공으로 한 가벼운 소극(素劇)으로 일설에는 엘리자베스 여왕
이 『헨리 4세』에 등장한 폴스태프를 너무 좋아해서 사랑에 빠진 그를
보고 싶다고 요구하여 쓴 작품이라고 한다. 윈저 궁전에서 초연된 것으
로 추정되는 이 극은 노병 폴스태프가 포드 부인과 페이지 부인에게
같은 내용의 연애편지를 보냈다가 그 아낙네들한테 희롱을 당하는 내
용이다. 당시 영국의 시민 생활을 그린 셰익스피어의 유일한 희곡으로
이색적이게도 전편을 거의 산문으로 썼다.

『사랑의 헛수고(Love's Labour's Lost)』

1597년 혹은 1598년 크리스마스 때 엘리자베스 1세 여왕 앞에서 초
연된 것으로 알려진 궁정 희극으로서 줄거리는 비교적 가볍고 간단하
다. 나바르 왕인 퍼드넌드와 세 명의 신하가 욕망을 끊고 학문에만 전
념하자고 맹세한 찰나에 프랑스의 공주가 세 명의 시녀를 거느리고 방
문하여 왕 일행이 이들에게 마음을 빼앗겨 맹세를 깨는 내용이다. 이
희극은 궁정 문화의 위선과 속물적 근성을 생생하게 묘사함으로써 귀
족 사회를 풍자하는 풍속 희극(comedy of manners)이다. 별 내용이 없다
는 구성상의 결함이 있으나, 궁정 문화의 우아한 분위기와 풍자적 기

지에서 가치를 발휘한 극이다.

『헛소동(*Much Ado about Nothing*)』

1598-1599년 사이에 쓴 낭만 희극으로 주 플롯에 해당하는 클라우디오와 히어로의 사랑의 고난이 베네디크와 베아트리체의 코믹한 사랑과 대비를 이루는 극 구조를 지니고 있다. 클라우디오 백작은 메시나 군주 레오나토의 딸 히어로와 사랑에 빠지지만 사악한 돈 존(Don John)의 음모에 빠져 결혼식장에서 약혼녀가 부정한 여인이라고 폭로하고 파혼을 선언한다. 하지만 우여곡절 끝에 그녀의 정조가 증명되어 두 사람은 다시 결합을 하게 된다. 반면 군인 베네디크와 히어로의 사촌 베아트리체는 서로 앙숙처럼 싸우지만 주변의 속임수에 빠져들어 서로 상대방이 자신을 사랑한다고 믿고 결국은 자신의 사랑을 고백한다. 특히 베네디크와 베아트리체의 생동감 넘치고 기지가 넘치는 말싸움과 사랑싸움은 어둡고 무거운 히어로와 클라우디오의 사랑 이야기가 주는 긴장을 해소하는 역할을 한다. 다른 셰익스피어의 낭만 희극들처럼 이 두 쌍의 사랑 이야기에 형제간의 갈등, 음모 등 어두운 요소가 결합되어 있다. 또한 가부장 사회에서 여성의 순결에 대한 남성들의 강박관념을 잘 보여준다.

『십이야(*Twelfth Night*)』

1599년과 1600년 사이에 집필된 이 극은 쌍둥이 남매로 인한 혼란이 야기하는 한바탕 유쾌한 소동과 혼란 뒤에 모든 갈등과 무질서

가 바로잡히는 축제 희극이다. 12야(十二夜)란 크리스마스 축제 기간
의 마지막 날로 크리스마스로부터 12일이 지난 1월 6일, 즉 공현축일
(Solemnity of the Epiphany of the Lord)을 말한다. 이날은 아주 즐겁고 유
쾌하게 즐기는 축일로 흔히 악의 없는 장난과 농담을 하는 날이다. 이
극에서 토비 벨치 경(Sir Toby Belch) 일당이 올리비아(Olivia)의 집사인
말볼리오(Malvolio)를 골려먹는 것도 이 축제일의 유희 가운데 하나이
다. 이 극에 등장하는 인물들은 거의 모두가 사랑의 열병을 앓고 있다.
올시노 공작의 시종인 세자리오로 남장한 비올라는 주인을 사랑하고,
올시노 공작은 죽은 오빠를 조상하기 위해 근신 중인 올리비아를 사
랑하고, 올리비아는 올시노 공작의 심부름꾼인 세자리오를 사랑하면
서 복잡하게 얽히고설킨다. 결국 비올라의 쌍둥이 오라버니 세바스천
의 등장으로 모든 갈등이 해소가 된다. 셰익스피어는 이 극에서 사랑
은 사람들을 분별없고 어리석게 만들지만 그래도 우리네 인생에 반드
시 필요한 것임을 강조한다.

『좋으실 대로(*As You Like It*)』

1599년부터 1600년 사이에 쓴 것으로 알려진 낭만 희극으로 1590
년에 발행된 토마스 로지(Thomas Lodge)의 산문 로망스 『로잘린드──유
퓨즈의 주옥같은 귀문』(1590)을 원전으로 하여 쓴 것이다. 권력 찬탈과
질시, 반목 등의 무거운 주제와 복잡한 사랑 문제가 결합되어 있다. 극
초반에 프레더릭 공작의 궁정(혹은 도시)에서 발생한 권력 찬탈과 질시,
반목, 추방 등의 갈등은 극 중반에 등장인물들이 치유와 화해의 마법
을 지닌 숲으로 대거 이동하면서 반전을 겪게 된다. 결국 도시에서 있
었던 모든 배반과 배신에 대한 용서와 화해가 이루어진 뒤 극 말에는

행복한 결혼식이 열리고 전 공작은 다시 자신의 옛 지위를 되찾는다. 여기서 그려진 인간과 자연 세계 관계로부터 생태적 해석의 가능성이 이야기되기도 한다.

『끝이 좋으면 다 좋아(*All's Well That Ends Well*)』

1601-1606년 사이에 쓴 극으로 윌리엄 페인터(William Painter)의 『쾌락의 궁전(*The Palace of Pleasure*)』에 수록된 설화를 소재로 해서 쓴 극이다. 헬레나는 명의(名醫)인 아버지가 세상을 떠난 뒤 후견인 로실리온 백작 부인의 집에 얹혀살게 되면서 백작 부인의 아들인 버트램을 짝사랑한다. 헬레나는 프랑스 왕의 난치병을 고쳐 주고 그 대가로 버트램과의 결혼을 허락받지만 버트램은 헬레나를 받아들이지 않고 떠나버린다. 그러나 헬레나의 적극적인 계략으로 마침내 버트램도 헬레나를 아내로 인정하게 된다. 자신을 받아들이지 않는 남편을 차지하기 위해 다른 여자 대신 몰래 잠자리에 들어가는 것과 같은 다소 황당한 설정 때문에 문제극으로 분류되기도 한다.

『자에는 자로(*Measure for Measure*)』

셰익스피어가 한창 비극을 쓰던 시기인 1603-1604년 사이에 집필된 희극으로 다른 희극들처럼 흥겹고 재미있다기보다 어둡고 신랄한 문제극이다. 이 극은 엄격한 법치주의를 주장하지만 정작 자신은 성상납이라는 위법을 저지르는 타락한 권력자에 대한 이야기이다. 원래 measure for measure란 성경에 나오는 표현으로 "너희가 심판하는 그대로 너희도 심판받고, 너희가 되질하는 바로 그 되로 너희도 받을 것이다"(마태복음 7장 1-5절)라는 성서 구절에서 따온 제목이다. '함부로 남을 심판하지 말라'는 메시지를 담은 이 구절을 제목으로 삼은 이 극에서 셰익스피어는 '법'으로 대변되는 정의와 '용서와 화해'를 구현하는 자비의 문제, 권력자의 올바른 자질을 논하며, 인간의 행동에 대한 법적, 도덕적 판단이 갖고 있는 맹점 등의 문제를 다루고 있다.

『페리클레스(*Pericles*)』

1608년에 쓴 이 극은 존 가우어의 『사랑의 고백』 중 '티레의 아폴로니우스' 이야기를 원전으로 한 것이다. 타이어의 왕 페리클레스가 온갖 비극적 운명을 겪다가 결국에는 잃었던 아내와 딸을 만나 행복하게 재회한다는 전형적인 로맨스(낭만극) 구조를 띠고 있다. 여기서의 로맨스(romances)는 근대적 의미의 로맨스와는 거의 연관이 없는 것으로 모험을 떠난 영웅이 마법이나 엉뚱한 우연으로 난관을 만나지만 행복한 결말을 맞이하거나, 헤어진 가족 및 애인과 헤어지고 고통을 겪지만 마침내 재회하는 식으로 이야기의 움직임이 비애에서 환희로, 분열에서 결합으로 진행되는 희곡을 일컫는다. 셰익스피어의 이 첫 낭만극 역시 오랜 시간 바다 위에서 겪는 모험과 방랑, 자식과의 이별과 만남, 초자연적인 경험, 비극적 상황에서 행복한 결말로의 전환, 해설자 가우어(Gower)의 등장 등 로맨스 전통을 가장 많이 따른 작품으로 알려져 있다.

『심벌린(*Cymbeline*)』

1609년-1610년 사이에 쓴 낭만극으로 심벌린 왕과 신하의 갈등, 심벌린의 딸 이모젠과 포스튜머스의 사랑과 의심, 고대 브리튼과 로마의 갈등과 전쟁 등 다중의 사건이 복잡하게 얽혀 있다. 고대 브리튼의 심벌린 왕의 딸 이모젠이 아버지가 반대한 그녀의 남편 포스튜머스와 결혼함으로써 사건이 발생한다. 심벌린 왕에 의해 추방당한 포스튜머스는 로마인들의 음모로 아내의 정절을 의심하게 되고 그로 인해 자신의 부하에게 이모젠을 살해하라는 명령을 내린다. 하지만 결국 아내가 순결한 여성이었음을 뒤늦게 깨닫고 남장을 한 채 목숨을 유지하던 아내와 재회하고 재결합한다. 가족의 결별과 극적인 재결합 과정에서 플롯이 비현실적이고 허무맹랑한 낭만극의 특징을 잘 보여준다.

『겨울 이야기(*Winter's Tale*)』

로버트 그린(Robert Greene)의 『펜도스토(시간의 승리)』(1582)에서 소재를 빌려 1611년에 쓴 후기 로맨스이다. 시칠리아의 왕 레온테스가 절친인 보헤미아의 왕 폴릭세네스와 아내 사이를 의심하여 자신의 갓난 딸을 부정의 열매라 생각하여 죽이게 하고 아내까지 죽음으로 몰고 간 이야기이다. 하지만 로맨스 장르가 늘 그렇듯이 극적인 반전이 일어나 극 말에 죽은 줄 알았던 아내와 딸이 살아 있어 용서와 화해로 재결합하게 된다. 이 극은 3막까지의 전반부는 시칠리아 궁정에서 발생한 질투, 증오, 불화로 인한 파괴의 세계를 그리고 있고, 후반부는 보헤미아의 양털 깎기 축제의 사랑과 즐거움, 시칠리아에서의 용서와 화해 및 재결합, 환생으로 구성되어 있다. 계절도 전반부는 겨울이고, 후반부는 봄으로 설정되어 대칭 구조를 이룬다.

『폭풍우(*Tempest*)』

셰익스피어의 대표적인 로맨스이자 그가 단독으로 집필한 마지막 극인 이 극은 1611년 11월 1일에 '왕의 극단(King's Men)'에 의해 제임스 1세의 어전에서 공연됐다는 기록이 남아 있으며, 1609년 버뮤다 섬에서 조난당한 난파선 이야기를 소재로 쓴 극으로 추정된다. 동생에게 부당하게 쫓겨난 밀라노의 공작 프로스페로가 딸과 함께 섬에서 살면서 마술을 익혀 요정 에얼리얼과 원주민 괴물 캘리번을 부리며 그 섬을 지배한다. 결국 동생 일행에게 폭풍을 일으켜 복수할 기회를 갖게 되나 용서해 준다는 이야기이다. 20세기 후반부터 탈식민주의 비평이 유행하면서 셰익스피어가 신대륙의 원주민을 악마화하고, 신대륙에 대한 영국의 식민 지배를 옹호한 극이라는 비판이 쏟아지기도 했다.

사극편

셰익스피어의 사극은 일종의 연대기적 사극이라 할 수 있는데, 이는 라파엘 홀린셰드(Raphael Holinshed)의 『영국, 스코틀랜드, 아일랜드의 연대기』 같은 역사서에 근거를 두고 영국의 역대 왕들의 치하에서 일어난 사건들을 극화한 것이었다. 당시는 봉건제는 무너졌지만 '근대'의 여명에 대한 확신도 없으면서 사회적 유동성 속에 놓여 있던 시대였다. 셰익스피어의 사극은 연대기들이 다루는 1390년대가 아닌 1590년대의 관점에서 과거의 세계를 바라보는 것이었다. 신역사주의 등에서 비판하는 셰익스피어의 '왕권주의'는 사회적 무질서에 대한 동시대인들의 공포를 반영하는 것이었지만, 동시에 군주제의 은밀한 작동 방식을 드러내 보였다는 점에서 전복의 동인을 제공하는 것이기도 했다. 신으로부터 부여받은 왕권이 1590년대의 세계에서는 불가피하고 필요하다고 이야기하는 이면에는, 사극의 주 플롯과 하부 플롯의 연결을 통해 중세 및 근대 초기 영국에서 행사되고 있는 권력의 민낯을 암시하는 언어 전략이 구사되고 있다는 점에서 그의 사극은 '열린 텍스트'라 할 수 있다.

『헨리 6세 (*Henry VI*)』 1,2,3부

셰익스피어가 가장 먼저 쓴 작품으로, 라파엘 홀린셰드의 『영국, 스코틀랜드, 아일랜드의 연대기』를 원전으로 하여 15세기에 일어난 장미전쟁(Wars of the Roses)을 그린 영국 사극이다. 강력했던 헨리 5세가 죽은 뒤 그의 유약한 아들이 헨리 6세로 통치하는 동안 왕가인 랭카스터 가문과 그 친척이자 경쟁자였던 요크 가문의 권력 투쟁으로 삼십여 년의 내란을 겪게 된다. 헨리 6세와 그의 태자의 죽음으로 에드워드 4세가 이끄는 요크가의 승리로 끝난다. 밑도 끝도 없는 음모와 배신, 이해하기 힘든 갑작스런 심리 변화 등 구성이 다소 산만한 느낌을 준다. 인물의 묘사에서도 아직 개연성과 치밀함이 떨어져 초기 극의 한계를 보여준다.

『리처드 2세(*Richard II*)』

1592년경에 쓴 영국 사극으로 라파엘 홀린셰드의 『영국, 스코틀랜드, 아일랜드의 연대기』와 크리스토퍼 말로우의 희곡『에드워드 2세』를 원전으로 한 것이다. 무능하고 인기 없는 왕 리처드 2세에게 부당하게 추방당하고 재산까지 몰수당한 사촌 볼링브로크가 반란을 일으켜 신민들의 지지를 받아 무혈로 리처드 2세를 폐위시키고 왕권을 차지한다. 극 전체가 산문이 아닌 운문으로 되어 있고 고뇌하는 리처드 2세의 감성적 대사가 넘친다.

『리처드 3세(*Richard III*)』

1592-1593년 사이에 라파엘 홀린셰드의 『영국, 스코틀랜드, 아일랜드의 연대기』를 원전으로 하여 쓴 장미 전쟁의 마지막 순간을 극화한 사극이다. 에드워드 4세의 동생인 리처드가 에드워드 4세의 짧은 통치 이후에 형과 조카들을 암살하고 왕권을 찬탈한다. 왕위에 오른 리처드 3세 통치 하에서 귀족들의 반란으로 영국은 다시 내란에 휩싸인다.

마침내 랭카스터가의 외척이자 튜더 왕조의 시조가 된 리치먼드 백작 헨리 튜더가 리처드 3세를 보스워즈 전투에서 물리치고 왕권을 차지한다. 이 극은 왕권 찬탈자의 이야기를 다룬 면에서 『맥베스』와 비슷하나 리처드 3세는 맥베스가 보여 주는 내적 고뇌와 갈등을 지니지 못하고 심리적 복잡성과 깊이가 떨어지는 단순한 악한에 그침으로써 초기 극의 한계를 보여 준다. 『헨리 6세』 1,2,3부와 더불어 장미 전쟁을 다룬 4부작으로 분류된다.

『헨리 4세 (*Henry IV*)』 1, 2부

1596-1597년 사이에 라파엘 홀린셰드의 『영국, 스코틀랜드, 아일랜드의 연대기』를 원전으로 하여 쓴 영국 사극이다. 셰익스피어 사극 가운데 가장 인기 있는 극으로 역사적 사실을 다루는 사극에 탕아에서 이상적 군주로 발전하는 왕자라는 민담적 요소와 폴스태프를 중심으로 한 희극적 요소를 첨가하여 그만의 독특한 사극 세계를 창조해 냈다. 실제 역사를 토대로 역모와 내란이라는 주제를 다룬 사극이지만, 이 극이 대중적 인기를 누린 이유는 왕과 귀족들의 권력 다툼이라는 주 플롯보다 핼 왕자와 폴스태프 일동이 벌이는 희극적 부 플롯이 대중들의 흥미를 끌며 인기를 누렸기 때문이다. 폴스태프는 셰익스피어가 창조해 낸 인물 중 가장 희극적인 인물이다. 재치와 해학이 넘치고 대단히 활력적이다. 주제 면에서도 그의 역할이나 대사는 왕권과 모반을 둘러싼 용맹과 비겁, 명예 등 주 플롯의 주제에 대한 뛰어난 패러디로 볼 수 있다. 『헨리 4세』 1부는 비교적 즐겁고 유쾌한 데 비해 [특히 1부에서의 희극적 장면이 드러내는 왕권의 연극적 요소는 군주들의 행동과 결정을 주관하는 영원불변의 신성한 법칙 같은 것은 없다는 사

실을 시사한다], 2부는 헨리 4세가 죽고 왕위에 오른 핼 왕자가 폴스태프 일당을 거부하고 국가의 질서를 확립하는 데 몰두한다. 그 결과 희극적인 가벼운 웃음보다는 사극다운 무거움이 극을 지배한다.

『존왕(*King John*)』

1598년 이전에 쓴 것으로만 알려진 영국 사극으로 라파엘 홀린셰드의 『영국, 스코틀랜드, 아일랜드의 연대기』를 원전으로 한 것이다. 영국 역사에서 존 왕은 프랑스 전쟁에서 패하고 교황과 대립하여 파문을 당하는 등 실정을 많이 하여 영국 귀족들에 의해 강제로 왕권을 제한당하고 귀족들의 권리를 보장하는 마그나 카르타에 서명한 비운의 왕이다. 하지만 셰익스피어는 존 왕이 한 수도사에 의해 독살당한 뒤 귀족들이 그의 시신 앞에서 그의 아들 헨리를 왕으로 모시고 충성할 것을 맹세함으로써 오히려 존 왕을 실정한 왕이 아니라 교황 등 외부 세력으로부터 국치를 세우려 시도한 왕으로 묘사하고 있다.

『헨리 5세(*Henry V*)』

1599년에 쓴 영국 사극이다. 영국인이 가장 사랑하는 왕으로 등극한 핼 왕자를 이상적인 군주로 그리고 있다. 그는 신하들의 권유에 따라 프랑스에 전쟁을 선포하여 아쟁쿠르 전투에서 승리한다. 프랑스 왕 샤를 6세의 딸 카트린과 결혼을 하고 평화조약을 맺는다. 이 극에서 셰익스피어는 헨리 5세를 정의감과 엄격함, 의무감, 정치가적 능력, 탁월한 전쟁 수행능력 등을 지닌 이상적인 군주상으로 묘사하고 있다. 고대 희랍극처럼 코러스가 각 막마다 등장하여 해설을 하는 것이 특징이다. 『리차드 2세』 『헨리 4세』 1, 2부와 함께 랭커스터 4부작에 속한다.

『헨리 8세(*Henry VIII*)』

셰익스피어의 마지막 작품으로 1612-1613년 사이에 존 플레처(John Fletcher)와 함께 라파엘 홀린셰드의 『영국, 스코틀랜드, 아일랜드의 연대기』를 원전으로 하여 쓴 영국 사극이다. 이 극은 헨리 8세의 일대기가 아니라 캐서린 왕비와의 이혼에서부터 시작하여 앤 불린이 엘리자베스 여왕을 낳는 때까지를 다룬다. 앤 왕비가 엘리자베스를 낳자 헨리 8세에 의해 울시 대신 새로운 고문으로 추대된 캔터베리 주교 크랜머가 강보에 쌓인 공주를 축복하는 것으로 막이 내린다.

시집

셰익스피어는 희곡 창작에 전념했던 극작가였지만, 운문을 자유로이 구사하고 빼어난 시들을 썼던 시인이기도 하다. 두 권의 설화 시집과 1609년에 (그의 승인이 없이 출간되었던 것으로 보이는) 소네트집을 남겼다. 1601년의 어느 사화집(Anthology)에 「불사조와 산비둘기(The Phoenix and the Turtle)」라는 기묘하고도 아름다운 시를 기고하기도 하였다. 그의 희곡 속에도 아름다운 노래(song) 여러 편이 들어 있는데 아침노래(aubade), 전원 초대시(pastoral invitation), 여러 가지 종류의 연가, 유랑하는 음유시인이 부르는 민요(ballad), 그리고 장송가 등 다양하다. 이는 셰익스피어의 서정적 자질, 능숙한 유머, 시골 생활의 풍경과 음향에 대한 놀라운 감수성을 예증하는 것이다.

『비너스와 아도니스(Venus and Adonis)』

세 편의 시집 중 가장 먼저 출간된 『비너스와 아도니스』(1593)는 고전 신화에 나오는 비너스와 아도니스 신화를 소재로 쓴 1,194행의 장편 설화시이다. 이 신화는 오비디우스(Ovid)의 『변신 이야기(Metamorphoses)』에서 오르페우스(Orpheus)가 들려주는 짧은 이야기이다. 셰익스피어는 기존 신화와 달리 아도니스가 비너스의 간절한 사랑을 완강히 거부하는 것으로 설정하고 있다. 셰익스피어는 정염에 목마르고 욕정에 불타오르는 여신을 통해 대단히 선정적이고 농염한 에로티즘 문학 세계를 창출해 냈다. 이로써 셰익스피어는 사랑에 있어서 관습화되고 상투화된 성 역할과 신성시에서 벗어나 당대 시적 관습뿐만 아니라 사회적 관습에도 도전하는 글쓰기를 시도한다. 솔직한 성애 표현들로 가득한 이 시는 초간부터 1640년까지 16판이나 출간될 정도로 독자들에게 대단히 인기가 많았다.

『루크리스의 겁탈(*The Rape of Lucrece*)』

『루크리스의 겁탈』은 한 여성의 강간 사건으로 로마 초기의 정치체가 왕정에서 공화정으로 바뀐 사건을 다루고 있으며, 『비너스와 아도니스』보다는 좀 더 진지하고 무거운 작품이다. 루크리스는 콜라티누스의 아내였는데, 로마 왕의 아들 타르퀸에게 능욕당하여 아버지와 남편에게 복수를 부탁하고 자결한다. 그러자 귀족과 민중이 들고일어나 타르퀸 일가를 로마에서 추방하고 그 결과 로마의 왕정이 끝나고 공화정이 성립된다. 시의 내용은, 겁탈이 일어나기 전에는 겁탈자 타르퀸이 겪는 갈등이 주로 나타나고, 겁탈 후에는 슬픔에 젖은 루크리스의 한탄이 작품의 대부분을 차지한다. 하지만 이 작품은 언어가 지나치게 수사적이고 주제가 너무 진지하고 교화적인 탓인지 『비너스와 아도니스』만큼 인기를 얻지는 못했다. 『비너스와 아도니스』에 이어 이 시집에도 자신보다 연하인 후원자 사우샘프턴 백작에게 바치는 헌사가 들어 있다.

『소네트집(*Sonnets*)』

『소네트집』은 총 154편의 소네트가 수록되어 1609년에 출간되었다. 하지만 이 시들의 창작 연도, 수록된 시의 배열 순서 등에 대해 많은 논란이 있다. 이 시집에 수록된 시들 중 120여 편이 젊은 남성을 향한 흠모와 찬미의 내용을 담고 있어 동성애 논란을 일으켰다. 이 시집은 시인, 젊은 귀족 남성, '흑발의 여인(dark lady)'이라 불리는 미모의 여성, 이 세 사람 사이의 우정과 사랑, 질투에 관해 노래한 것이다. 그 가운데 셰익스피어는 시간과 죽음, 짧은 인생에 대한 명상을 많이 한다. 더불어 삶의 찰나성에 맞서는 시의 영원성을 강조한다. 소네트가 대중적인 인기를 얻은 것은 셰익스피어의 공헌이 크다고 할 수 있는데, 그의 소네트 연작은 당시의 다른 소네트들과는 달리 일정한 모티브와 스토리가 암시되어 있고 뛰어난 비유와 풍부한 이미저리로 가득하다.

William Shakespeare

셰익스피어 연보

"아름다운 것은 추한 것, 추한 것은 아름다운 것."

Macbeth 1막 1장 10-11행

200여 년 전 어느 역사가가 말한 바대로, 셰익스피어의 생애에 대해 알려진 사실은 매우 빈약한 몇 가지 사실에 불과하다. "셰익스피어의 모든 전기는 5퍼센트의 사실과 95퍼센트의 억측으로 이루어져 있다"는 이야기가 있을 정도로 그러하다. 그렇다고 하여 셰익스피어의 알려진 삶이 모두 허구라는 식으로 생각해서도 안 될 것이다. 사실 그 시대(16세기)의 거의 모든 인물들에 대한 자료가 턱없이 부족하다. 그럼에도 셰익스피어에 대해 그처럼 생각하게 되는 것은 사람들이 그에 대해 너무 많은 관심을 가졌기 때문이라고도 할 수 있다. 여기 연보라는 이름 아래 적힌 셰익스피어의 삶의 이력은 국내에 소개된 여러 텍스트들 속에서 그 시대의 얼마 안 되는 자료를 기초로 확인된 사실들, 그중에서도 설득력을 지녔다고 간주되는 사실들의 요약이다. 이러한 편린들을 통해서나마 인간의 언어가 지닌 깊이와 아름다움을 탐구한 위대한 작가의 삶을 상상해 보는 데 도움이 되기를 바랄 뿐이다.—편집부

1558년—엘리자베스 1세가 25세의 나이로 튜더 왕조의 마지막 군주로 등극.

1564년—흑사병이 창궐하던 해, 런던의 북서쪽 도시 스트랫퍼드 어폰 에이번에서 아버지 존 셰익스피어(John Shakespeare)와 어머니 메리 아든(Mary Arden) 사이에서 셋째 아이이자 장남 윌리엄 셰익스피어(William Shakespeare)가 태어났다.[동료 작가 크리스토퍼 말로우(Christopher Marlowe)도 이 해에 출생.] 4월 26일에 세례를 받았다는 기록이 남아 있다. 젊은 시절 스트랫퍼드로 온 아버지 존 셰익스피어는 장갑을 만드는 일을 하다가 공직을 맡게 되고 나중 시의 수석 행정관까지 오른다. 1570년대의 스트랫퍼드는 유랑극단들이 정기적으로 들르는 곳이었고, 존은 이들의 공연 사례금을 시의 금고에서 지출하는 일을 집행했다. 아들인 어린 윌리엄은 많은 연극 공연을 보았을 것이고, 이러한 경험은 훗날 런던의 극장으로 진출하는 데 영향을 주었을 것으로 짐작된다. 셰익스피어는 그래머 스쿨인 킹스 뉴 스쿨을 다녔다는 것이 통설이다. 규율이 엄격한 그래머 스쿨에서 그는 라틴(어) 수사학과 문학에 대한 기초를 익혔을 것이다.

1573년—셰익스피어의 후원자인 사우샘프턴 백작(Earl of Southampton) 헨리 리즐리(Henry Wriothesley) 출생.[1593년 셰익스피어의 설화시집 『비너스와 아도니스(Venus and Adonis)』의 헌사는 바로 이 헨리 리즐리(당시 19세)에게 바치는 것이었다. 여성스런 외모로 여러 명의 남자와 여자들과 밀접한 관계를 맺었던 그와 셰익스피어가 모종의 개인적 관계를 맺었다는 설이 있으나 사실적 근거는 없다.]

1576년—영국 최초의 공공극장인 씨어터(The Theatre)가 건립되는 것을 시발로 런던은 연극의 도시로 변모해 가게 되었다.[오락을 위한 전용 공간인 극장의 등장은 영국에 새로이 나타난 현상이었다. 시어터의 전신은 1567년 존 브레인(John Brayne)이란 사업가가 지은 레드 라이언(Red Lion)이었으나 단명했다.] 한편 셰익스피어의 아버지가 불미스런 일에 연루되어 공직에서 은퇴했다. 아버지의 빚이 늘어난 것과 관련이 있는지는 알 수 없으나 셰익스피어의 공식적인 교육은 15세 무렵 중단된 것으로 추정된다.

1582년—18세의 이른 나이에 8살 이상 연상인 부유한 집안 출신인 앤 해서웨이(Anne Hathaway)와 결혼했다.[1623년에 67세의 나이로 사망했다는 묘비에 근거한 계산에 따른 것이다.] 두 사람의 관계에 대한 여러 추측들이 있지만, 결혼은 평생 지속되었으며, 셰익스피어는 성공을 하고서 자신이 번 돈을 지속해서 스트랫퍼드의 집으로 보냈던 것으로 추정된다.

1583년—장녀 수산나(Susana) 출생.

1585년—쌍둥이 자녀인 햄닛(Hamnet)과 주디스(Judith) 출생.

1586년—이때부터 1592년까지 그가 극작가로 성공하기까지의 중요한 시간 동안 어디에 있었는지에 대한 기록이 없다[이 시기를 '잃어버린 시절'이라 부르기도 한다]. 20대 초의 야망을 가진 젊은이가 멀리 떨어진 도시에 가서 그것도 경쟁이 심하고 성공이 쉽지 않은 직종에 뛰어들어 짧은 시간에 상당한 성공을 거둔 행적은 완전히 유실되어 미스터리로 남겨져 있다.

1587년—1567년에 스코틀랜드의 왕위에서 쫓겨나 2년 후 영국으로 망명 와 있던 메리 여왕(Mary Stuart)이 반란 혐의로 처형되었다. 16세기의 런던처럼 치명적이면서도 매력적인 곳은 드물었다. 거듭되는 전염병 속에서 사망자 수가 신생아 수보다 많았던 때가 반복되었지만, 16세기의 후반에 접어들면서부터는 인구수가 상승하기 시작했고, 엘리자베스 치세의 전성기 런던은 유럽에서 가장 큰 도시들 가운데 하나였으며 셰익스피어가 발을 들여놓은 런던은 젊은이들이 압도적으로 많은 도시이기도 했다. 그리고 무엇보다 인쇄술의 발달로 책들이 활발히 출간되어 보통사람들도 지식과 교양을 습득할 수 있게 되었다. 이 책들은 대중을 즐겁게 하는 새로운 방법을 찾는 한 세대의 극작가들에게 원료의 보고였다. 이것이 셰익스피어가 걸어 들어간 세계였다. 이해 그가 유수한 극단인 여왕의 사람들(Queens's Men)에 어떻게 들어갈 수 있게 되었는지 알려주는 기록은 없다. 현재 학계에서는 이 극단의 여러 레퍼토리가 셰익스피어의 작품과 겹치는 점으로 미루어볼 때 셰익스피어가 여왕의 극단(Queen's Men)에서 활동했을 것으로 추정한다.

1588년—메리 여왕의 처형을 빌미로 가톨릭 국가 스페인이 엘리자베스를 왕좌에서 끌어내리려고 강력한 해군을 파견했으나, 해적 출신 제독 드레이크(Sir Francis Drake)가 스페인의 무적함대인 아마다 호(Armada)를 격파했다. 이 승전은 영국인들의 애국심을 고취시켰고 이런 풍조는 셰익스피어의 역사극에 반영되었을 것으로 짐작된다.

1589년—연극의 황금시대였고, 셰익스피어가 연극인으로서 성공하기에 적합한 시절이었다. 도시 외곽에 이미 여러 개의 극장이 있었고 그가 연극에 종사하는 동안에도 극장은 계속 세워졌다. 뿐만 아니라 연극의 테크닉도 급격하게 진화하던 시기였다. 연극은 더 길어지고,

규모가 커지고, 구성이 복잡해지고, 감정의 범위가 넓어지고, 연기자들의 재능이 더 잘 발휘되도록 기획되었다. 셰익스피어와 그의 동시대 작가들은 주제와 배경에 관해 폭넓은 자유를 누렸다. 셰익스피어는 연극계에 종사한 전 기간 동안 극작가로 희곡을 쓰면서 동시에 단역 배우로 활동했다. 이 무렵 『헨리 6세(*Henry VI*)』 1부를 집필한 것으로 추정된다.[1592년 3월 로즈 극장에서 이 희곡이 공연되었고 대성공을 거두었다는 기록이 남아 있다.]

1590–91년—『헨리 6세』 2, 3부를 집필.

1592년—대학 출신 재사(才士, University Wits)로 알려진 극작가 그룹의 한 명인 로버트 그린(Robert Greene)이 「많은 후회로 얻은 서푼짜리 기지(A Groatsworth of Wit bought with a Million of Repentance)」라는 팸플릿에서 셰익스피어의 유명세를 비난함. 이 팸플릿에 등장하는 '벼락출세한 자'는 셰익스피어를 가리킨다. 이는 이 무렵이면 '대학 출신' 극작가의 시기심을 불러일으킬 정도로 그가 두각을 나타내고 있었다는 것의 방증이다. 런던에 흑사병이 창궐하여, 7월부터 1594년 6월까지 극장들이 폐쇄되었다. 극단들은 지방 순회공연을 다녔다. 『리차드 3세(*Richard III*)』, 시집 『비너스와 아도니스(*Venus and Adonis*)』, 『실수 희극(*The Comedy of Errors*)』을 집필.

1593년—후원자인 사우샘프턴 백작에게 헌정한 시집 『비너스와 아도니스』 출간. 이 시집은 셰익스피어 생전 책을 출간해서 거둔 가장 큰 성공 사례가 되었다. 『타이터스 앤드로니커스(*Titus Andronicus*)』, 『말괄량이 길들이기(*The Taming of the Shrew*)』를 집필.

1594년—두 번째 설화시『루크리스의 겁탈(*The Rape of Lucrece*)』을 출간하면서 이 또한 사우샘턴 백작에게 헌정함. 이 무렵에 셰익스피어는 성공의 길에 접어들었다. 그 후 그는 전적으로 연극에 전념했으며 누군가의 후원을 얻으려고 애쓰지도 않았다. 동료 작가이자 경쟁자였던 말로가 술집에서 시비 끝에 칼에 찔려 죽음.『베로나의 두 신사(*Two Gentlemen of Verona*)』,『사랑의 헛수고(*Lover's Labour's Lost*)』,『존 왕(*King John*)』을 집필. 한편 여왕의 전의(典醫)인 로페즈(Roderigo Lopez)가 여왕 독살 혐의로 처형되고, '궁내부장관 극단(The Chamberlain's Men)'이 창설되고 셰익스피어는 그 극단의 전속작가로 활동.

1595년—『리차드 2세(*Richard II*)』,『로미오와 줄리엣(*Romeo and Juliet*)』,『한여름 밤의 꿈(*A Midsummer Night's Dream*)』을 집필. 짧은 시간 동안 그는 역사극, 비극, 희극을 종횡무진 써 나갔으며 당시의 완화된 기준에 비추어서도 지나칠 만큼 자유분방한 표현을 구사했다.[후대에 와서 그가 무미건조하거나 평범한 원전을 위대한 작품으로 바꾸어놓은 것에 대해 경탄하지만, 그의 생전이나 이후로도 오랜 기간 동안 셰익스피어의 '학문'에 대한 의심이나 비난이 늘 따라다녔다. 그의 천재성은 지식이나 역사적 사실 관계를 다루는 능력이 아니라 인간의 본성인 욕망(야망), 갈등, 음모, 사랑, 고통, 고뇌 등 정신적인 것을 조명하고 그것의 핵심을 꿰뚫는 언어적 능력에서 발휘되었다.『옥스퍼드 인용사전(*Oxford Dictionary of Quotations*)』에 따르면, 영어가 생긴 이후로 글이나 말로 가장 많이 인용된 구절들의 약 10분의 1이 셰익스피어가 만들어낸 것이라고 한다.]

1596년—열한 살이던 아들 햄닛이 사망. 아이를 잃은 아픔을 겪는 반면 그의 희곡과 연극은 상업적인 성공을 거두고 있었다. 아버지 존 셰익스피어의 문장(紋章)을 사용하는 것을 허가받은 뒤로 '신사(gentleman)'로서 서명할 수 있게 됨. 『베니스의 상인(*The Merchant of Venice*)』, 『헨리 4세(*Henry IV*)』 1부를 집필.

1597년—햄닛이 죽고 9개월이 지난 뒤, 스트랫포드에서 두 번째로 큰 저택 뉴플레이스(New Place) 매입. 『윈저의 즐거운 아낙네들(*Merry Wives of Windsor*)』을 집필.

1598년—궁내부장관 극단의 시어터 임대 계약이 만료되고 재계약이 어려워지자 새로운 극장 글로브(The Globe)를 설립하고 셰익스피어와 극단 단원들이 극장의 공동 소유주가 됨. 향후 10여 년 동안 이 극장은 황금기를 누렸으며 셰익스피어는 문학사에 길이 남을 명작들을 쏟아내기 시작함. 『헨리 4세(*Henry IV*)』 2부, 『헛소동(*Much Ado About Nothing*)』을 집필.

1599년—『헨리 5세(*Henry V*)』, 『줄리어스 시저(*Julius Caesar*)』, 『좋으실 대로(*As You Like It*)』를 집필. 아일랜드 총독이었던 에섹스 백작(The Earl of Essex)이 아일랜드 반군을 평정하러 나섰다가 자의적으로 휴전협정을 맺고 여왕의 명령을 어기고 귀국했다가 연금됨. 풍자물 출판 금지령 선포.

1600년—『햄릿(*Hamlet*)』을 집필.

1601년—1600년에 연금이 해제된 에섹스 백작이 쿠데타를 일으킨 전날 밤 그의 요청으로 『리차드 2세(*Richard II*)』를 공연함. 에섹스 백작이 무모한 쿠데타 실패 이후 처형되고, 셰익스피어의 후원자였던 사우샘프턴 백작도 이 반란에 연루되어 수감됨. 극단은 무죄가 입증되어 풀려남. 『십이야(*Twelfth Night*)』, 『트로일러스와 크레시다(*Troilus and Cressida*)』를 집필. 부친인 존 셰익스피어 사망.

1602년―『끝이 좋으면 다 좋아(*All's Well That Ends Well*)』를 집필.

1603년―엘리자베스 여왕이 예순아홉의 나이로 사망. 그녀의 친척인 스코틀랜드의 제임스 6세(James VI)가 제임스 1세(James I)로 등극하여 스튜어트(Stuart) 왕조가 시작되었다. 제임스 1세는 연극을 든든하게 후원해 준 왕이었다. 그는 셰익스피어 극단을 후원하여 '왕의 극단(King's Men)'이 되게 했다. 셰익스피어의 위대한 작품 중 대다수가 제임스 1세 치세에서 나왔다. 이 시기에 쓴 훌륭한 비극들이 그렇다. 역병이 돌아 글로브 극장은 거의 1년간 문을 닫아야 했다.

1604년―『자에는 자로(*Measure for Measure*)』, 『오셀로(*Othello*)』를 집필.

1605년―『리어 왕(*King Lear*)』을 집필. 제임스 1세의 종교 정책에 반발하여 가톨릭 인사들로 구성된 음모가들이 의회가 있는 웨스터민스터 궁 밑의 지하실에 엄청난 양의 화약을 설치하는 사건(Gunpowder Plot)이 있었고 내부자의 발설로 미수로 실패하고 말았다.

1606년―화약 음모 사건의 주동자인 폭스(Guido Fawkes)와 예수회 신부 가네트(Henry Garnet)가 처형되었다. 『맥베스(*Macbeth*)』, 『안토니와 클레오파트라(*Antony and Cleopatra*)』를 집필한 것으로 추정.

1607년―『코리오레이너스(*Coriolanus*)』, 『아테네의 타이몬(*Timon of*

Athens)』,『페리클레스(*Pericles*)』를 집필. 장녀 수산나(Susana) 결혼.

1608년─모친인 메리 아든 사망. 바로 그해에 '왕의 극단'은 실내 극장 블랙프라이어스(blackfriars) 임대.

1609년─토머스 소프(Thomas Thorpe)라는 출판업자에 의해『일찍이 인쇄된 적이 없는 셰익스피어의 단시들(*Shakespeare's Sonnets, Never Before Imprinted*)』이라는 책이 출간되었다. 이 단시-소네트(sonnet) 가운데 대다수가 동성에게 사랑을 고백하는 내용으로 동성애 시인이라는 의심을 받기도 함.『심벌린(*Cymbelin*)』을 집필.

1610년─『겨울이야기(*Winter's Tale*)』를 집필.

1611년─『태풍(*Tempest*)』을 집필. 이 시기 거처를 스트랫퍼드로 옮김.

1612년─존 플레처(John Fletcher)와 함께『헨리 8세(*Henry VIII*)』를 집필.

1613년─존 플레처와 함께『고결한 두 친척(*The Two Noble Kinsmen*)』을 집필. 만년의 셰익스피어는 집필 속도가 느려졌지만 대신 그의 언어는 더욱 농축되고 간결해져서 덜 연극적이고 더욱 내향적이 되어갔다.『헨리 8세』공연 중 글로브 극장에 화재가 나서 소실된 1613년 이후 더이상 작품을 쓰지 않음.

1614년─글로브 극장 재개관.
1616년─딸 주디스 결혼. 그해 4월 23일, 알려지지 않은 이유로 스트랫퍼드에서 셰익스피어 사망. 그가 세상을 떠난 이후 극장들은 전보다 더 큰 호황을 누렸지만 청교도들이 극장을 폐쇄한 1642년경쯤에 이르면 몇 개의 극장만 남게 되고, 연극은 다시는 넓은 사회 계층의 사랑을 받거나 보편적인 오락이 되지 못함.

1623년—셰익스피어의 아내 앤 해서웨이 사망. 같은 극단 소속의 동료 배우이자 막역한 친구였던 존 헤밍(John Heminge)과 헨리 콘델(Henry Condell)에 의해 36개의 극이 수록된 최초의 셰익스피어 극 전집인 제1 이절판(The First Folio) 출간. 책의 처음 이름은 『윌리엄 셰익스피어 씨의 희극, 사극, 비극(*Mr. William Shakespeare's Comedies, Histories, and Tragedies*)』이었다.

참고문헌

참고문헌

- Benardete, Jose A. "Macbeth's Last Words", *Interpretation*, 1(1970): 63-75.

- Benardete, Seth. "Achilles and the Illiad", *Hermes*, 91(1963): 1-5.

- Berger, Jr. Harry, "The Early Scenes of Macbeth: Preface to a New Interpretation",
  ELH, 47(1980): 1-31.

- Berry, Francis. *Poet's Grammar: Person, Time and Mood in Poetry*. London: Routledge
  and Kegan Paul, 1958.

- Braden, Gordon. "Senecan Tragedy and the Renaissance", *Illinois Classical Studies,*
  9(1984): 277-292.

- Brooke, Nicholas. "Introduction", *Macbeth*. Oxford: Oxford University Press, 1990,
  1-82.

- Bullough, Geoffrey. *Narrative and Dramatic Sources of Shakespeare*. London:
  Routledge and Kegan Paul, 1973.

- Cantor, Paul A. *Shakespeare's Rome: Republic and Empire*. Ithaca: Cornell University
  Press, 1976.

- _____, *Hamlet*. Cambridge: Cambridge University Press, 1989.

- _____, "Othello: The Erring Barbarian Among the Supersubtle
  Venetians", *Southwest Review*, 75(1990): 296-319.

- Danson, Lawrence. *Tragic Alphabet: Shakespeare's Drama of Language*. New Haven:
  Yale University Press, 1974.

- Eagleton, Terence. *Shakespeare and Society: Critical Studies in Shakespearean Drama*.
  New York: Shocken, 1967.

- Felperin, Howard. *Shakespearean Representation: Mimesis and Modernity in*

Elizabethan Tragedy. Princeton: Princeton University Press, 1977.

- Goldberg, Jonathan. "Speculations: Macbeth and Source", in Jean E. Howard and Marion F. O'Connor, eds., *Shakespeare Reproduced: The Text in History and Ideology* . London: Methuen, 1987, 242-264.

- Goddard, Harold C. *The Meaning of Shakespeare*. Chicago: University of Chicago Press, 1951, Vol. II.

- Hawkins, Michael. "History, Politics and Macbeth", in John Russell Brown, ed., *Focus on Macbeth*. London: Routledge and Kegan Paul, 1982, 155-188.

- Jackson, T. H. *The Hero and the King: An Epic Theme*. New York: Columbia University Press, 1982.

- Jonas, Hans. *The Gnostic Religion*. Boston: Beacon Press, 1963.

- Kirsch, Arthur. *The Passions of Shakespeare's Tragic Heroes*. Charlottesville: University Press of Virginia, 1990.

- Lenson, David. *Achilles' Choice: Examples of Modern Tragedy*. Princeton: Princeton University Press, 1975.

- Levin, Richard. *New Readings vs. Old Plays*. Chicago: University of Chicago Press, 1979.

- Lowenthal, David. "Macbeth: Shakespare Mystery Play", *Interpretation,* 16(1989): 311-357.

- McCarthy, Mary. "General Macbeth", in Sylvan Barnet, ed., *Macbeth*. New York: New American Library, 1969, 157-167.

- Proser, Mattew N. *The Heroic Image in Five Shakespearean Tragedies*. Princeton: Princeton University Press, 1965.

- Sanders, Wilbur. "Macbeth: What's Done, Is Done", in Wilbur Sanders and Howard Jacobson, *Shakespeare's Magnanimity: Four Tragic Heroes, Their Friends and*

Families. London: Chatto & Windus, 1978, 59-65.

- _____, *The Dramatist and the Received Idea: Studies in the Plays of Marlowe and Shakespeare*. Cambridge: Cambridge University Press, 1968.

- Shakespeare, William. *The Riverside Shakespeare*. G. Blackemore Evans ed. Boston: Houghton Mifflin, 1974.

- Strauss, Leo. *On Tyranny*. New York: Free Press, 1991.

- White, Howard B. "Macbeth and the Tyrannical Man", *Interpretation*, 2(1971): 143-155.

찾아보기

찾아보기

에디투스의 인문 교양 플랜 1—주제들(THEMEN)

　　무지와 등을 맞댄 낙관이 출렁이는 시대는 위태롭다. 지(知)의 저수지는 바닥이 드러 났는데, 지식과 정보가 넘쳐나는 풍경은 기이하기조차 하다. '주제들' 시리즈는 이 사유 의 불모에 놓이는 지혜의 묘판(苗板)이고자 한다. 책은 작고 얇지만, 여기에 담긴 인문적 사유의 가치는 결코 만만치 않은 것들이다. '석학들의 작은 강연'이라 부를 수도 있는 이 텍스트들이 던지는 주제가 무엇이든, 그것이 모순된 시대를 응시하는 시선을 깊고 풍부하게 할 것임을 의심하지 않는다.

1. 장 볼락,『파울 첼란 / 유대화된 독일인들 사이에서』, 윤정민 옮김

2. 게르하르트 노이만,『실패한 시작과 열린 결말 / 프란츠 카프카의 시적 인류학』, 신동 화 옮김

3. 데이비드 E. 웰버리,『현대문학에서 쇼펜하우어가 남긴 것』, 이지연 옮김

4. 세스 베나르데테,『소크라테스와 플라톤의 사랑의 변증법』, 문규민 옮김

5. 폴 A. 캔터,『맥베스 / 양심을 지닌 아킬레스』, 권오숙 옮김

6. 호르스트 브레데캄프,『재현과 형식 / 르네상스의 이미지 마법』, 이정민 옮김

7. 데이비드 E. 웰버리,『괴테의 파우스트 / 비극적 형식에 대한 성찰』, 이강진 옮김

　　'주제들' 시리즈는 계속 출간됩니다.

옮긴이 권오숙

한국외국어대학교 영어과를 졸업한 뒤 동 대학교 대학원에서 셰익스피어 4대 비극을
연구하여 박사학위를 받았다. 현재 한국외국어대학교, 덕성여자대학교, 서울과학기술
대학교에서 셰익스피어를 비롯한 영문학과 고전 문학, 문학번역 등을 가르치고 있다. 한
국 셰익스피어 학회의 교육이사로 활동 중이며 셰익스피어를 중심으로 인문학 강연 활
동도 활발히 하여 셰익스피어 대중화에 힘쓰고 있다. 셰익스피어를 중심으로 다양한 저
술활동도 하고 있다. 주요 저서로는 『셰익스피어: 연극으로 인간의 본성을 해부하다』
(2016 세종도서 우수교양도서), 『셰익스피어, 대학로에서 연극을 보다』, 『청소년을 위
한 셰익스피어』(2011 대한출판협회 선정 올해의 청소년 도서), 『셰익스피어와 후기 구
조주의』(2008 문광부 선정 우수 학술도서), 『셰익스피어 그림으로 읽기』(2005 학술진
흥재단 선도연구자 지원 사업선정), 『그녀들은 자유로운 영혼을 사랑했네』(공저. 2012
대한출판협회 선정 올해의 청소년 도서), 『여성 문화의 새로운 시각』5,7,8권(공저. 2011
문광부 선정 우수 학술도서) 등이 있다. 또한 『맥베스』, 『오셀로』, 『헨리4세』 2부, 『살로
메』등을 번역했으며 「셰익스피어의 법률희곡 연구」등 다수의 학술 논문이 있다.

맥베스 / 양심을 지닌 아킬레스 주제들5

제1판 1쇄 2018년 6월 01일
지은이 · 폴 A. 캔터 | 옮긴이 · 권오숙

펴낸이 · 연주희
펴낸곳 · 에디투스 | 등록번호 제2015-000055호
주소 · 경기도 성남시 분당구 장미로 101
전화 · 070-8777-4065 | 팩스 · 0303-3445-4065
이메일 · editus@editus.co.kr | 홈페이지 · www.editus.co.kr
인쇄 및 제본 · (주)상지사 P&B
값 16,000원

ISBN 979-11-960073-7-9   979-11-960073-1-7 (세트)
이 도서의 국립중앙도서관 출판예정도서목록(CIP)는 서지정보유통지원시스템
홈페이지(seoji.nl.go.kr)와 국가자료공동목록시스템(www.nl.go.kr/kolisnet)에서
이용하실 수 있습니다. CIP제어번호: CIP 2018015450